U0736513

用心耕耘　唤醒心灵

主　编	王玉兰
副主编	丁文杰　刘媛媛　王晓慧
编　委	刘江波　胡秀娟　于　瑶
	刘忠臣　张丽华　丁文杰
	刘媛媛　王晓慧　王玉兰

中国海洋大学出版社
·青岛·

图书在版编目（CIP）数据

用心耕耘 唤醒心灵 / 王玉兰主编 . -- 青岛：中国海洋大学出版社，2022.7

  ISBN 978-7-5670-3208-8

Ⅰ.①用… Ⅱ.①王… Ⅲ.①中等专业学校－班主任工作Ⅳ.①G718.3

中国版本图书馆 CIP 数据核字（2022）第 123041 号

出版发行	中国海洋大学出版社		
社　　址	青岛市香港东路 23 号	**邮政编码**	266071
出 版 人	杨立敏		
网　　址	http://pub.ouc.edu.cn		
电子信箱	752638340@qq.com		
责任编辑	林婷婷	**电　　话**	0532－85902533
印　　制	日照日报印务中心		
版　　次	2022 年 7 月第 1 版		
印　　次	2022 年 7 月第 1 次印刷		
成品尺寸	170 mm ×240 mm		
印　　张	12.25		
字　　数	207 千		
印　　数	1～1 000		
定　　价	50.00 元		

做心灵的唤醒者　　且思且行展未来

　　王玉兰名班主任工作室是 2019 年 8 月经青岛市教育局批准的首批中职名班主任工作室。工作室自成立以来，通过多层次、多形式、有质量的班主任学习、研修、实践和培训活动，坚持理论研修和实践创新相结合，积极探索有效破解对策，在交流与碰撞中求进步，不断提升班主任的专业能力和教育智慧。回顾过去，我们一直坚持做中职生心灵的唤醒者，且思且行。

一、制度保运行，规划谋发展

　　青岛市教育局高度重视中职名班主任工作室的建设，于 2019 年 10 月 12 日—13 日，在青岛旅游学校举行了首批中等职业学校名班主任工作室主持人授牌仪式，市教育局副局长王铨为首批十个名班主任工作室主持人授牌并讲话。

　　"兵马未动，粮草先行"，作为青岛市首批中职名班主任工作室，我们也是摸着石头过河。为了保证今后工作室工作的顺利开展，2019 年 11 月 2 日，青岛交通职业学校为王玉兰名班主任工作室举行了揭牌仪式暨工作室第一次集体研讨活动。在此次研讨活动中，成员们群策群力，共同商讨了如何开展工作室的工作，主持人和成员们共同制订了本工作室的三年发展规划，主持人向成员们提出了读书交流、思想交锋、科研成果、引领作用、信息共享等方面的工作任务，公布了工作室工作与学习、课题管理、工作室考核总结、经费使用等方面的制度。会后，每位工作室成员根据工作室的三年发展规划，在主持人的指导下制订了自己的三年发展规划，内容翔实具体，为今后的个人发展提供了保障。

　　工作室增加了导师引领制度，2021 年 4 月 21 日，聘请了青岛市教育科学研究院教育研究中心研究员、青岛市中小学课题研究管理负责人刘永洁老师为王玉兰名班主任工作室导师。赵芳亮校长为刘永洁老师颁发了工作室导师聘书，诚挚地邀请刘老师为我校教师的课题研究工作进行指导和帮助。赵芳亮校长希望在专家的引领下，工作室成员乃至学校所有老师都能开启教科研之路，以课题研究为导向，助推学校教育教学高质量发展的新征程。

二、学习增底蕴，实践促成长

（一）升素养，强底蕴

先进的理论是班主任工作和德育科研的先导，没有先进的理论指导，一切都将是纸上谈兵。因此，加强学习，不断提高理论修养，始终占领工作室工作的"制高点"。工作室组织成员采取集中学习和分散自学相结合、自主研修和专家引领相结合的形式，以理论熏陶的方式提升工作室成员的专业素养。工作室主持人王玉兰老师每年向全体成员推荐阅读书目和文章，开展读书交流活动，并撰写读书心得，定期开展读书交流，每人每年上交 1 篇教育随笔和 1 篇德育叙事案例。

此外，工作室采取"走出去、请进来"的方式，多次聆听专家学者的授课和讲座，为工作室成员的成长打下坚实的理论功底。2020 年 1 月 13 日下午，邀请了来自青岛十七中的曹春梅老师，与各位老师分享其名班主任工作室主持人的经验。2020 年 7 月 10 日，邀请了崔庆娜和宫平两位心理老师，对青岛交通职业学校的班主任进行户外体验课培训，班主任亲身体验心理游戏的乐趣和意义，掌握了实用的心理教学方法。2020 年 9 月 29 日—30 日，邀请三位专家对全体老师进行培训活动：青岛市职业教育公共实训基地乔慧老师《教学能力比赛教学设计》、中共青岛市委党校马克思主义学院院长敬志伟教授《全面加强新时代党的政治建设》、青岛烹饪职业学校高级讲师东秀花老师《在茶艺中享受慢生活》。2021 年 4 月 21 日，邀请了青岛市教育科学研究院教育研究中心研究员、青岛市中小学课题研究管理负责人刘永洁老师给大家做了《教师如何做课题研究》的专题讲座，并以王玉兰老师的课题立项申请书为例，从如何选题、课题名称的表达、课题提出的背景分析、文献查阅、研究目标与方法、研究过程设计、研究方法设计等主要方面进行了详细的讲解与指导。2021 年 7 月 23 日—27 日，工作室主持人参加了第三届全国名师工作室创新发展成果博览会，专家们高屋建瓴的引领，使主持人对自身工作室的发展路径有了更加清晰的认识。2021 年 7 月 17 日—21 日，工作室成员参加了全国职业院校名班主任工作室建设高级研修班培训,教育大咖们从理论到实践,就班主任工作室的建设和发展,班主任的成长和治班理念进行了分享,各成员纷纷表示要把培训的精神带回实际的工作中,认真领会的同时落到实处,发挥工作室的引领示范作用,落实立德树人的根本任务,为学生的终身发展奉献自己的力量,谱写新时期育德育人新篇章。

(二)践科研,争先进

新时代的职校教师承担着传播知识、思想、真理的历史使命,肩负着塑造灵魂、生命、人的时代重任,教育理论修养和教育实践积累是一个优秀班主任必须具备的两个条件,工作室要求所有成员做到既有理论修养,又有丰富的实践积累,要争做教育家型的班主任。

工作室负责人在自身积极开展班主任工作研究的同时,带动并鼓励全体成员从事研究,使整个工作室充满一种研究的学术氛围,让每位成员都能研究出成效。工作室自成立以来,完成市级课题2项,1项市级课题在研;获山东省心理健康教育先进个人的有1人;获青岛市教学能手称号的有1人;所带班级获山东省先进班集体的有1人;所带班级获青岛市先进班集体的有1人;所带班级获青岛市先进团支部的有1人;获山东省教学能力大赛三等奖的有2人;获青岛市教师教学能力大赛一等奖的有2人,获二等奖的有1人,获三等奖的有1人;获中等职业学校数学课程教师信息化教学设计和说课交流活动二等奖的有1人;获山东省中等职业学校建设学习贯彻党的十九大精神"特色示范课堂"的有1人;获青岛市优质课一等奖的有1人;开设青岛市城乡交流课的有1人;获青岛市"一师一优课、一课一名师"二等奖的有1人;获青岛市青年教师基本功比赛三等奖的有1人;获青岛市教育叙事二等奖的有1人;获青岛市"特色类"微党课二等奖的有1人;获青岛市中小学教师宣讲视频制作比赛三等奖的有1人;论文发表于国家级刊物的有1人;论文发表于省级刊物的有1人;辅导学生比赛获市级一等奖的有3人,获二等奖的有1人。可谓硕果累累。

三、成员争引领,经验做示范

"一枝独秀不是春,百花齐放春满园",工作室要求成员在个人成长的同时,也要注重向本校、其他学校和区市传播优秀班主任工作的经验,为提升职业学校班主任队伍建设总体水平做出贡献。

工作室成员积极参加班主任能力比赛,协助我校的宫婕老师和李玉霞老师分别获得2021年青岛市中等职业学校班主任能力比赛综合赛项和班级建设方案项目一等奖。官婕老师更是一路过关斩将,直接闯进国赛决赛。以赛促发展,班主任能力大赛在加强班主任队伍专业化建设,提高教育教学、组织管理、人际沟通和职业指导能力等方面起到了重要作用。

积极开展家庭教育指导。工作室主持人王玉兰于 2019 年 11 月 21 日下午,走进人和路社区,为社区居民送去了题为《做智慧家长,助力孩子成长》的家庭教育指导讲座。2021 年 4 月,工作室主持人王玉兰加入青岛市家庭教育志愿服务队伍,开展乡村家庭教育质量提升行动。

跨区域经验交流。2020 年 9 月 28 日,工作室成员应成武县职业中等专业学校邀请,进行了深入的经验交流活动,工作室主持人王玉兰老师、成员丁文杰老师、王晓慧老师、胡秀娟老师分别分享了自己的带班育人经验,引发了教师的共鸣。

学校日常管理工作显身手。各成员利用微信公众号及时更新工作室活动动态,及时发表育人经验或心得体会;在学校的思政论坛活动中大方分享经验;给老师和学生解读《民法典》;举办课程思政专题讲座;给学生入团积极分子上团课;在学校举行的"一二三职业教育活动"中给学生进行职业生涯规划的指导;在"班主任会客厅"活动中,就学生出现的问题提出合理解决策略,为学校的德育管理乃至教学工作贡献了自己的力量。

回头俯瞰,抬头仰望,在市教育局和学校领导的关心帮助下,工作室一路耕耘,一路探索,洒下辛苦汗水的同时,也收获了一份愉悦与感动。今后我们将勤于实践,勇于探索,争取更大的成绩。

青岛交通职业学校　王玉兰

CONTENTS | 目 录

用爱关怀，静待花开——育人故事篇

"玩笑"还是"玩火"·································003

爱与尊重···004

变脸大王···006

成就别样的精彩···································008

抵达心灵的处方笺·································010

高效能家校沟通，做学生成长的引路人···········012

坚持，照亮梦想之路·······························015

践行爱的教育·····································017

热爱每一个学生···································018

团结对班级的力量·································020

学会相处，学会自立·······························022

一颗裹着糖衣的苦果·······························024

用爱照亮孩子前行的路·····························025

用镜头捕捉瞬间，用光影记录感动···············027

用我的爱和关心唤醒学生···························029

欲知方圆，则必规矩·······························031

择一事终一生·····································033

绽放"迟开"的花朵·································035

正班风，明事理···································037

正面激励，让学生在肯定中成长 ………………………………………… 039

铸好"安全教育"的长城 …………………………………………………… 041

润德于心，成德于行——教育活动篇

爱老敬老·情满重阳 ……………………………………………………… 047

爱鸟护鸟，我们在行动 …………………………………………………… 049

"快乐读书，终身学习"传统文化读书节活动 ……………………………… 051

党史周周讲，凝聚中华魂 ………………………………………………… 054

放飞青春——户外体验课 ………………………………………………… 056

感恩教育——停止抱怨，学会感恩 ……………………………………… 058

欢度端午佳节　厚植爱国情怀 …………………………………………… 061

及早规划，争做高素质劳动者 …………………………………………… 063

家务劳动 PK 大擂台 ……………………………………………………… 066

践行社会主义核心价值观 ………………………………………………… 069

"九九重阳节，浓浓敬老情"主题班会活动 ……………………………… 071

拒绝毒品，莫做坠落天使 ………………………………………………… 075

拒绝校园欺凌 ……………………………………………………………… 078

劳动创造未来 ……………………………………………………………… 081

母亲节感恩活动 …………………………………………………………… 083

亲情心中记，感恩在行动 ………………………………………………… 085

我爱蓝色国土，争做海洋卫士 …………………………………………… 089

身边的榜样 ………………………………………………………………… 094

生命至上，终结艾滋，健康平等 ………………………………………… 096

使命在肩，勇于担当 ……………………………………………………… 097

提升法治意识，维护自身安全 …………………………………………… 101

提升职业素养，争做技能人才 …………………………………………… 102

体验靶场模拟射击，立志捍卫国家安全 ………………………………… 105

"维护国家安全，共建和谐社会"主题班会活动 ………………………… 107

我爱我的祖国，强国有我 ………………………………………………… 110

心存感恩，回报他人 ……………………………………………………… 115

学会自我关怀，遇见更好的自己 ………………………………………… 118

营造健康心理,呵护学生成长 ……………………………… 121

珍爱生命,预防溺水 ……………………………………… 123

预防校园欺凌,从你我身边做起 …………………………… 126

预防校园欺凌教育·共建平安和谐校园 …………………… 129

悦纳自己,欣赏自己的美 …………………………………… 131

筑牢校园防护墙,争做禁毒防毒宣传员 …………………… 134

自省常思,修善其身——随笔反思篇

《静悄悄的革命》读后感 …………………………………… 141

问渠那得清如许,为有源头活水来 ………………………… 144

爱你,从懂你开始 …………………………………………… 146

班主任工作三大法宝 ………………………………………… 147

用心用情用功上好开学第一课 ……………………………… 150

不负芳华寻初心,无问西东踏歌行 ………………………… 152

打造班级生活中的仪式感 …………………………………… 154

立德树人铸师魂,清正廉洁守初心 ………………………… 156

善用亮点 ……………………………………………………… 157

探究中职班级管理工作的理念与策略 ……………………… 160

网络空间下多样的德育课 …………………………………… 162

我的教育初心故事 …………………………………………… 165

我和我的学生 ………………………………………………… 167

习惯养成教育,让优秀成为习惯 …………………………… 168

引导学生正确看待"饭圈文化" …………………………… 170

赢了孩子,还是赢得孩子 …………………………………… 172

用非暴力沟通的方式解决学生矛盾 ………………………… 175

职业教育,未来可期 ………………………………………… 177

中职新生第一课——自信 …………………………………… 179

足球文化在班级管理中的探讨 ……………………………… 181

用爱关怀,静待花开

——育人故事篇

篇首语

众所周知,班主任工作是非常艰巨的,要全面负责一个班学生的思想、学习、健康和生活等工作,需要耐心、爱心与细心。而随着社会的发展,学生们的问题也时有出现。

有这样一个故事:相传古代有位老禅师,一晚在禅院里散步,看见院墙边有一张椅子,他立即明白了有出家人违反寺规翻墙出去了。老禅师也不声张,静静地走到墙边,移开椅子,就地蹲下。不到半个时辰,果真听到墙外一阵响动。少顷,一位小和尚翻墙而入,黑暗中踩着老禅师的背脊跳进了院子。当他双脚着地时,才发觉刚才自己踩的不是椅子,而是自己的师傅。小和尚顿时惊慌失措,张口结舌,只得站在原地,等待师傅的责备和处罚。出乎小和尚意料的是,师傅并没有厉声责备他,而是以很平静的语调说:"夜深天凉,快去多穿一件衣服。"

面对职校学生存在的很多问题,我们需要像故事中的老禅师一样,爱自己的学生,从容、智慧地解决问题,因为教育是根植于爱的,其实,教育的奥秘就在于如何爱护学生。

"玩笑"还是"玩火"

青岛艺术学校　张丽华

从错误中吸取教训，是教育极为重要的一部分。

——伯兰特·罗素

高一上学期元旦期间，同学们迎着节日的气氛玩起了自拍，甚至还做起了各种各样的表情包，偶尔我也会在微信里收到同学们自己制作的表情图，看着他们有趣可爱的小表情，感觉特别逗。

班里最喜欢做这些小玩意的莫过于小杜啦，虽说大家都是学舞蹈的，小杜却对电子产品和电脑编程有着极大的兴趣，他的家里收藏着各种各样不同年代的手机，而且他特别喜欢摄影，剪辑音乐、视频，就这样，他的手机里存了各式各样自己制作的表情包，当然基本上都是他自己的和他宿舍几个铁哥们的，其他班里同学的表情包他也不随便发，只发给本人收藏。这样同学们也没有什么芥蒂，一直相处融洽。

但过完元旦的一天晚上，我突然接到男生宿舍宿管打来的电话，说我们班班长要揍小杜，虽然舍友及时拉住了他，他的怒火依然没消，还摔坏了小杜的手机。班长是一个为人随和、性格开朗的孩子，我当班主任两年来他从没和同学闹过矛盾，究竟是什么事惹怒了他，我猜一定不是小事。我放下电话，立即赶往男生宿舍。

到了男生宿舍，班长已经在众人的劝说下冷静了下来，默默地站在那里等着我"主持公道"。经过了解，我得知小杜最近拍表情包入迷了，在班长收手机的时候他谎称要等妈妈的重要信息晚点再交，但居然趁班长换上衣的时候偷拍他，班长发现后，一把夺过他的手机摔在地上，并追他到宿舍外，准备拳脚相加教训他一顿，被宿舍其他同学及时拉住了。小杜在一旁很委屈，他说他没有打算做表情包，只是想和他开个玩笑，大家都说班长锻炼勤奋，所以腹肌格外健美，想拍拍班长结实的腹肌，结果没想到玩笑开大了，惹怒了班长。

我首先安抚班长的情绪，让他不要生气，同时告诉他武力是解决不了问题的。我理解他愤怒的心情，但是问题出现的时候，要冷静处理，在学校可以找老师解决。班长点了点头，表示认同。然后我要求小杜打开手机，当着班长的面把手机里的照片永久删除，并让班长检查回收站和相册，完成后我把小杜叫出了宿舍。

小杜很委屈，依然认为自己只是开了个玩笑。我告诉他："开玩笑是有前提的，不是所有的玩笑都可以开，在不侵犯对方的权利和利益的情况下可以开玩笑，我相信你们宿舍兄弟们之间一直相处得很和睦，也相信你拍照片是没有恶意的，你是希望把你认为美好的事物拍下来。但是你的行为确实侵犯了别人的隐私，换作是你，你也不会让别人随意拍自己的照片，对吗？"他这才恍然大悟，立即意识到自己的问题，红着脸说："老师，我知道错了，我会找班长诚恳地道歉，该怎么罚您说了算。"我要求他和班长道歉，并且就这件事写一份检讨，查阅法律相关规定给我抄写一份详细材料。同时告诉他惩罚不是目的，而是希望他能吸取教训，不再犯同样的错误。

后来，在我的劝慰下，班长接受了小杜的道歉，怒火也消了。我说："虽然小杜犯错在先，但是你不该损坏小杜的手机，对吗？"班长是个特别通情达理的人，他点点了头说："老师，您放心，我会给他修好的。"

小杜不好意思地站起来说："老师，我有错在先，我自己修一修就行了，手机也是老款，我妈答应我期末考试结束给我换新的，本来也用不了多久了，不用再麻烦班长了。"我看两个人已经冰释前嫌，都在谦让，就没有再多说什么，让他们自己商量解决了。

爱与尊重

青岛交通职业学校　刘江波

陶行知先生曾经说过："真的教育是心心相印的活动，唯独从心里发出来的，才能打到心的深处。"这句话在当今教育活动中仍然适用，它告诉我们只有心灵才能唤醒心灵，只有真正的爱才能构筑师生之间爱的桥梁，这其中关心和尊重尤其重要。

2013年，我从师范学校调任职业学校。作为有着18年教龄、10年班主任工作经验的我信心百倍地投入了新的工作。早就听说职业学校的学生"难教"，可是我不以为然，再难又能难到哪里去呢？可是现实却给了我一个深刻的教训。

新生军训时，第一个训练项目是练军姿。同学们站在烈日下一动不动，可是小范同学却显得格格不入。他一会儿挠挠头，一会儿东张西望，看到旁边班级有的同学训练出错就乐得嘿嘿直笑。教官忍无可忍，说道："小范，你笑什么？出来站着！"小范单独站在一边，可是他却若无其事，站在旁边懒懒散散看起了热闹。休息时间我将小范叫到一旁，告诉他军训纪律的重要性，他不耐烦地打断我，"老师，我知道了"，转过身背着手走了，自顾自地坐到一边休息去了。留下我在身后气得哆嗦，我知道我碰上难题了，小范对老师没有任何的敬畏心，老师说的话他爱听不听，我该怎么办呢？找家长？没用！且不说家长的话对叛逆的高中生有多大的作用，有事找家长反而会让小范更加轻视老师。来硬的呵斥他、惩罚他？也不行！硬来反而可能会激发他更激烈的反应，到那时更难善后。当这件事没发生过更不行，那样旁边的同学会怎么看，老师的威信会丧失殆尽。于是我决定先和小范进行心灵上的沟通，我坐到小范的旁边，开玩笑地问他："在队列里我看你有时候站军姿站得很好啊，怎么一会儿就坚持不住了？被教官喊出去站在旁边多没面子啊！"小范气鼓鼓地说："站军姿我早就会了！还让我们一遍一遍地练，他越让我在外面站着我越不好好站，气死他！"我哈哈笑着摸摸他的头说："你呀，真让你气死。这个军姿的确有不少同学都会，因为你们初中已经参加过一次军训。可是大部分同学还是不会啊，而且会的同学也有很多军姿不标准的，你说怎么办啊？"小范一下子不好意思了，他说："老师，我错了，我没想到这一点。"我趁热打铁说："咱们班还有那么多同学站姿不标准，你们这些站得好的同学应该给他们做个榜样才对啊。"小范点点头说："老师，我明白了。"事后我马上跟教官沟通，让他多注意表扬，尽量激发出小范的荣誉感。果然，在后面的训练中，小范真的表现很好，而教官也及时地给大家表扬和鼓励。在军训结束时，小范因为出色的表现被评为军训先进个人。

新学期正式开始了，班级各项工作也慢慢进入正轨，我刚想松一口气，结果发生了一场意外。那是一个下午，正是上课时间。突然一阵吵闹声从门外传来，接着语文张老师拉着小范来到我面前。张老师不停地数落着小范，而小范气势汹汹，不停地反驳，最后张老师气呼呼地说："这个学生我教不了，你看着办吧！"张老师说完摔门而去，留下小范梗着脖子、微仰着脸静等我的训斥。我知道他现在就是一个火药桶，只需要一点火星就会爆炸。于是我温和地说："怎么了？像个斗鸡似的。说说吧，到底是怎么回事，我给你们评评理。"随着小范的诉说，我渐渐明白了事情的经过。原来小范有点感冒，吃了药之后特别困，没坚持住睡着了。老师看他上课睡觉很生气，就在他后背上拍了一下，小范一时冲动直接冲老师吼了起来。于是矛盾产生了，小范认为自己病了老师还打自己；而张老师认为学生上课睡觉自己提醒一下很正常，反而是小范上课大吵大闹非常不礼貌。明白了事情起因我就有了主意。我说："那你值得表扬啊！病了还是坚持上课，说明你有坚强的意志，非常好。"小范瞬间来了精神，连声说道："就是啊，老师不光不表扬我，还打我，我当然不高兴了。"我笑着问道："那张老师知不知道你生病呀？"小范瞬间沉默了，我又问道："你知道自己错在哪儿了吗？"小范说："我知道了，我应该先跟张老师请假说明才对。"我又问："人家张老师不知道你病了，看到你上课睡觉，提醒你认真听讲，完全是为了你好，结果你却冲人家大吼大叫，你觉得合适吗？"小范低着头说："老师，我知道错了，我去向张老师道歉。"说完一溜烟地跑了。后来为了让张老师原谅自己，小范经常到办公室帮张老师打扫卫生、扛大桶水。期末考试小范的语文成绩进步非常大。

现在的高中生，独生子女特别多，从小受到全家的宠爱，导致他们普遍个性比较强，受不得半点委屈。因此我们老师在与学生沟通的过程中，必须充分考虑学生的心理感受，照顾到学生的尊严。我想只要我们心中有爱，再注意沟通方式，将会获得学生的真心回馈，得到他们发自内心的尊重。

变脸大王

青岛交通职业学校　王晓慧

小段是班里著名的"变脸大王"，情绪阴晴不定，高兴的时候和同学们一起玩耍，下课积极找老师请教问题，不高兴的时候发疯般地又喊又叫还大哭。久而久之，同学们都不愿意与他接触，不知道这个"变脸大王"什么时候就变脸了。

一开始，我想观察小段变脸的原因，大部分不高兴的情况都是被逼迫学习而他完不成任务的时候，我和任课老师就商量着对他进行鼓励教育，根据情况适当降低要求。几次下来，发现小段还是情绪非常不稳定，我们分析他的成绩在班里属于中等水平，上课反应也比较机灵，对他来说不会因为学习要求太高而完不成任务。但是小段每次情绪不稳定确实都是因为学习，他有时候是因为排斥学习、学习动力不足而情绪不稳定，我决定从他的家庭入手。小段的家庭结构比较特别，属于父母离异的单亲家庭，但是他的法定监护人父亲在外打工不管他，母亲感觉对不起孩子所以特别宠孩子，尽量满足小段的一切需求，对他的期望和要求并不高，要准备再婚也顾不上他。小段初中是和奶奶一起生活，后来奶奶年纪大了身体不好需要回老家休养，小段现在基本是自己生活，无人照看的小段经常不按时吃饭、通宵玩手机，只有母亲偶尔去看看他。小段的父亲一直无法保持联系，总是把事推给孩子母亲。小段的母亲多次来到学校与老师沟通，效果也不是很明显。学校心理老师经过初步的诊断，认为小段是由家庭环境导致了抑郁症加狂躁症双向障碍，表现出来的症状有点失控，建议去找专业的心理医生咨询治疗。小段的母亲为此辞职了，打算陪伴孩子生活一个月，课余时间带他去看心理医生，外加药物干预。

由于这个孩子的情况特殊，我报备了学校学生管理处的领导，特别召开班主任会客厅，邀请班级任课老师参与，共同讨论交流小段的行为教育问题。我们认为，小段是缺乏家人的关爱，也缺少家人的期待，我们决定对他进行赏识教育，保持对他和其他同学一样的平等要求不放松，渗透我们对他未来的期待，潜移默化地帮助他树立发展目标，提升学习动力和自觉性，教他通过自我暗示的方法稳定不良情绪、提高自控力、珍爱生命。同时，我加强与小段的单独沟通，对他生活方面加倍关心，给他创造机会帮助老师和班级，让他感觉自己是被需要的，让其他同学感觉到小段在班集体中也是不可或缺的。获得小段的信任之后，我也向小段传递积极生活的价值观，希望他能够自强自立，自觉地好好生活学习，寻找自己感兴趣的工作岗位，进行职业发展规划，树立未来奋斗目标。另一方面，我加强对小段父母的家庭教育，让小段的母亲能够严格要求他，不要因为家庭原因就放任孩子，让小段的父亲能够多关心他。

三年的时间，小段变脸的次数越来越少，跟同学们的关系也越来越融洽，已经摆脱了"变脸大王"的称号。小段的父母虽然还是没有办法长时间和他一起生活，但是小段已经能够独立生活，学会了洗衣做饭，能够按时睡觉、按时完成作业。小段还顺利通过了三二连读专业大学的转段考试，对未来的美好生活充满期待。

职业学校中的"问题学生"不在少数，家庭原因或个人原因会导致学生出现相应的行为问题，小段是我从教生涯中遇到的一个比较严重的个例。在学生出现严重心理问题时建议让家长带着咨询专业的心理医生，必要时采取药物干预进行治疗。我们老师为了家校合力更好地教育学生，有必要对家长进行及时的指导,帮助家长转变教育方式和态度,提升家庭教育能力,给学生营造一个健康的、充满爱的成长氛围。

成就别样的精彩

青岛交通职业学校 王玉兰

世界著名的科学家、物理学家爱因斯坦说:"兴趣是最好的老师。"假如一个人对某件事产生了浓厚的兴趣,并且这种兴趣能够成为推动工作和生活的动力,那么其效果就是积极的。

在我的执教生涯中,就有一个学习汽车运用与维修最终却在毕业前走上了摄影道路的"特别"学生。

与小鹏同学初识是2011年高一新生报到那天,在三十多个同学中,他似乎并没有什么特别的地方。开学一段时间,我对他的印象是有礼貌、上课听讲认真、极少违纪,是班里很规矩的一名同学,但是并不出彩,总感觉在他身上少了什么。

高二刚开学不久的一天,正逢学校的社团课报名,影视欣赏、篮球、汽车维护、汽车排故、硬笔书法、演讲与技巧等社团课很快就报满了,唯有摄影无人问津,或许摄影对我们汽车运用与维修专业班的同学来说有点儿陌生吧。考虑到小鹏同学有一定的画画基础,家里正好有单反相机,于是,我建议他去摄影社团试试,听话的他接受了我的建议。

没想到小鹏试听了摄影社团一次课后,就兴奋地来办公室告诉我,他准备退掉其他社团,留在摄影社团,他说:"老师,我发现自己很喜欢摄影,我要用我的相机把真、善、美带给大家!"看着他因兴奋而微微泛红的脸,眼睛里闪着光,我突然意识到之前他身上少了什么,对,就是这种眼里有光的样子。据我了解,小鹏在中考报考的时候是听了家长的建议,选择汽车运用与维修专业是因为将来就业前景比较好,他并不喜欢。现在看来,他是找到了自己喜欢的事。我由衷地为他高兴,并鼓励他一定跟着张老师好好学习。

此后的一段时间,小鹏同学一改往日"沉稳"的状态,总是积极地去上摄影社团课,课间也经常看到他去找张老师请教。社团课一周只有一次课,小鹏同学感觉时间太少了,于是他向我请示:能否允午他自习课时间去张老师办公室学习摄影,并向我保证,一定按时完成其他科的作业,不会耽误专业课的学习。我同意了。此后，小鹏同学几乎将自己所有的课余时间都用在了摄影上，张老师见到我连连夸他："每到周五晚上你班小鹏同学就打电话找我，催着我周末带他外出摄影，学习热情很高呢，好久没遇到这么爱学的好孩子了。"连着几个周六周日都不着家，小鹏的家长着急了，担心他"不务正业"，耽误了专业课学习。我将孩子在学校的良好表现告知了家长，家长将信将疑。

很快迎来了学校的艺术节，我将拍照的任务交给了小鹏同学，小鹏同学也不负众望，他拍出的照片总能抓住精彩的瞬间，为此，我在班里表扬了他。小鹏同学学习摄影的兴趣更高涨了。此后，凡是班级活动需要摄影的，都交给了他来做。转眼到了一年一度的全国文明风采大赛，小鹏同学在张老师的辅导下，提交了五幅摄影作品，一举获得了两个一等奖、三个二等奖，而更为难得的是，小鹏同学的专业学习也并没有落下。得知孩子的成绩和获奖情况，小鹏家长彻底放了心，并表示以后会支持孩子继续学习摄影。

高二结束后，班里同学就要去企业实习了。经过一年多的学习，小鹏同学彻底爱上了摄影，经过慎重考虑，他决定放弃去汽修企业实习，并向学校提出申请，希望能去摄影实习。对于他的选择，我是支持的，因为我觉得作为一名老师不能按照自己的观念和期望去塑造孩子，应该让他们走有利于身心健康成长和自我发展之路。最终学校领导在详细了解了小鹏同学的情况后，同意了他的申请，为他开了"绿灯"。摄影实习使小鹏同学的摄影之路走得更远更稳了，需要学习的东西也更多了。小鹏同学废寝忘食，半年的时间，他就成了实习公司的首席摄影师。毕业后，小鹏同学在家长的帮助下，开了一间属于自己的摄影店。

在毕业小结中，小鹏写下了下面的话：

定格生活中的真、善、美是我由来已久的梦想，上了高二终于有了机会，经班主任王玉兰老师的推荐，我参加了学校的摄影社团，这对我来说是一个千载难逢的机会。

从那以后，我便跟随摄影导师张伟伟老师走上了摄影之路，流连在青岛的每一处风光景点，用相机尽情地抒发着我心中的爱。祖国美丽的山川更加激发了我创作的激情，青岛的风景已拴不住我的心，我萌生了走遍全国所有省份进行采风创作的念头。几年来，我肩背照相机、身着摄影装，走在青岛的大小景点。天道酬勤，我带着摄影作品参加了很多摄影比赛，并在一些全国性的摄影大赛中得到了专家的赞誉。

2013年，我成为一名专业的人像摄影师。在张老师的指导下，我的摄影水平跃上了一个新的台阶。由于工作的需要,我将镜头对准了婚纱摄影。几年的摄影之路,我取得了一些成绩,也摸索出了一些经验。我愿用我的经验和各位同行进行交流,让我们一起取长补短,共同为摄影的发展贡献力量。

小鹏的成功,让我想起了教育改革家魏书生说的一句话——"兴趣像柴,既可点燃,也可捣毁"。小鹏很幸运,遇到了教他摄影的张老师。他的经历恰恰印证了皮亚克的那句话——"一切有成效的工作都是以某种兴趣为先决条件的"。作为老师,重视学生的个性化发展,呵护和鼓励学生,一定能帮助学生成就精彩的人生!

抵达心灵的处方笺

青岛艺术学校　张丽华

真教育是心心相印的活动,唯独从心里发出来,才能打动心灵的深处。

——陶行知

小波,最让人印象深刻的莫过于他那双忧伤又深沉的眼眸,常年练舞的他拥有令人羡慕的、细长的四肢和始终笔挺的脊背,稚嫩白皙的脸庞在阳光照射下显得格外英俊。这样一个才上初二就长到一米八三的男孩站在我面前,有着不合年龄的严肃。他看似坚定的目光就像一副他亲手打造的坚固的盾牌,防御着每一个靠近他的人。

从"别人家的孩子"到"逃学一周,以死相逼的孩子",短短两年时间里,小波发生了巨大的心理转变,而这一切的根源居然是他对身形的自卑。小波在小学阶段是被青岛市小海燕学校特别选拔出来的舞蹈特长生,学习舞蹈六年,成绩一直不错,因长相英俊、性格和顺、礼貌谦逊深受老师的喜爱,是妈妈心中的骄傲,也是同学们羡慕的"别人家的孩子"。初中因为专业出色顺理成章地录取到我们青岛艺术学校小舞蹈专业。随着青春期的发育,小波个头越来越高,本来眉清目秀的他显得格外帅气,但令人意外的是他的双膝开始出现缝隙,无法完全合拢,普通人可能看不出什么问题,但是对于对身形有着严苛要求的舞蹈专业来讲,这不是一个好迹象,他心里很清楚这会是他的扣分项,这让原本阳光自信的他一度陷入焦虑,而来自同班同学有意无意的嘲笑就像火上浇油,彻底引发了他心底的自卑,让他对专业失去了信心。

升入初二，他的专业成绩和同班同学出现明显差距，尤其是初二上学期学段检测的成绩对他打击尤为强烈，面对不堪入目的专业成绩，自尊心较强的他因心理承受不住，一周没来上学，开始出现厌学情绪，课堂积极性剧减，课下练习越来越松散，后来就不再录制练功视频。初二上学期期末他提出想换专业，妈妈觉得放弃学了这么多年舞蹈，从头再来有点可惜，而且学习新的专业还会带来新的困难，不支持他换。为此，他食欲骤减，身形愈加消瘦，整个人很颓废。这让他的妈妈很着急，找我帮忙。

我是中途接管我目前所带的这个舞蹈班的，接班的时候正是小波情绪低落准备放弃的时候，面对小波的转专业诉求，我没有立即给他答复，而是借机和他谈了起来。我首先对他的境遇表示理解，我真诚的态度让他慢慢放下了戒备心。然后我问他："忽略身体这一点，你是真的不喜欢跳舞吗？"他沉默了一会儿，摇了摇头。我知道这么多年坚持下来他一定有跳舞的优势和快乐。我又问他在舞台上跳舞是为了什么。他说他喜欢台下观众为他鼓掌欢呼，我又问他观众是因为什么给舞者掌声。他说是精彩。我告诉他所有的艺术都是对人类情感、思想的表达，是日常生活的诗意化表达，是对人类文化的传承，对人类情感的共鸣，一个好的舞者一定不只是身形动作好看，更多的是心灵的展露、人格的塑造、灵魂的咏叹。他点头认可。

我接着说："咱们一起来分析一下你跳舞的优势好不好？"我找出高考舞蹈专业考试的科目要求和分值分配，让他找出自己的加分项，再让他找出自己的扣分项，最后我让他比较一下自己的成绩，他突然发现结果并没有他想象的那么糟糕，身形条件只占了其中一小部分的分值，而且除去腿型，他一米八三的个子简直是最好的条件，我说："既然你并不是不喜欢舞蹈，你只是遇到了一个小小的困难，我们还有四年半的时间可以去改善，去提高自己，不见得将来的综合实力就不行，是不是你现在放弃有点早了？"他不好意思地点点头。

于是我又让他从学校里找出一个完美无缺的舞蹈专业的男同学，因为学校跳舞的男孩特别少，我知道几乎没有十全十美的孩子，果不其然他找来找去发现同学们都或多或少存在缺点：有个子太高的，也有个子没长起来的；有胖的，也有特别瘦的；有身体偏硬的，也有胆子小不敢挑战技巧动作的，还有协调性不够好的。当他放宽视角去看问题的时候，他发现想要找一个十全十美的舞蹈生特别难。我借机告诉他，人没有十全十美的，我们应该为了成为更好的自己而努力，不断挑战自我，超越自我，去拓宽自己生命的"长""宽""高"。我们决定不了我们的长相、身高,但我们能决定怎么对待生命、对待生活,当一个舞者以积极的态度面对生命,努力提升生命的质量,珍惜当下的生活,他才能在舞台上用真挚深厚的情感和高尚纯洁的灵魂打动人、鼓舞人。他听后微笑着点点头,说:"老师,我明白了。我错了,我会和妈妈好好沟通,不会放弃,但请您给我一点时间,可以吗?"我也微笑着同意了。

后来,小波在各方面都有了明显变化,先是心态变得积极了,学习主动性大大提高,能够自己制订计划并且严格按照计划去打卡练习,虽然他现在的成绩还不是最好的,但是他更自信了,目光更坚定了,我知道这道坎他过去了。

亲其师才能信其道,青春期学生转化的前提是能听进老师或家长的话,一个做出冲动决定的孩子心里一定有无法倾诉的苦恼,得找到合适的切入点让孩子把苦恼倾倒出来才算是成功的开始。教育学生不能急于求成、急功近利,要尊重孩子的感受,给孩子足够大的、有安全感的空间,学会倾听学生言语背后的心理需求,相信每一个孩子都想变成更好的孩子,借此去鼓励孩子,激发孩子,孩子才能健康快乐地成长。

高效能家校沟通,做学生成长的引路人

青岛艺术学校　胡秀娟

"问题学生"是班主任工作的重中之重。班主任的价值所在,就是帮助学生从困境中走出来。教育学生的途径有很多,而高效能的家校沟通是一个非常重要的途径。家校沟通是为了给学生创造良好的学习成长环境,帮助学生解决成长过程中的问题,从而形成健全的人格。

情景再现:办公室里,我正在备课,小溪来到了我的身边。"老师,您能不能打电话给我妈妈,让我这两天在家里学习?"高三最后的冲刺阶段,时间本来就很紧张,但我还是答应了她的请求。"行,让你妈妈跟我请假就行啊。但前提是,必须家长请假。这是入学以来的请假规矩。"她露出了极大的不情愿,说:"妈妈不同意的。""昨天已经请假了,要是请假,今天可以继续请啊,"我顺着她的话继续补充道。

此时,我注意到小溪的表情。她的面部毫无这个年龄的阳光与活力,有的是压抑和凝重。

　　小溪情绪已经出现了波动，我马上警觉起来。我安抚道："行，我先和你妈妈联系一下，你先去上课，下了课再来吧。"

　　"我不上课，我就是要回家。"小溪仍然坚持。

　　办公桌前，还有小好和小瑶，她们因为没吃早餐，到我这里来补充能量了。本以为可以让她们叫着小溪一起上数学课，结果看小溪情绪异常激动，我就让她们两个先去上课。

　　"怎么了，这是？又和妈妈闹别扭了？"

　　因为之前出现过这种情况，我早已有了心理准备。每到考试之前，都会闹这么一出。

　　"是，"小溪回答道。

　　"上个周还忙活技能大赛，是班级的主力，这个周一周二还好好的，怎么又吵起来了？"我肯定她最近的表现，以此来缓解她激动的情绪。"这次不是我吵，是妈妈吵，"小溪如是说。

　　"哦，是妈妈吵，"我重复道。看来我需要好好帮她解开这个心结，否则，会愈发厉害。

　　"因为什么事情吵啊？"我追问道，"是不是妈妈遇到什么事情了？"

　　"放学回家后，妈妈的脸上也没有笑容，我想和妈妈聊聊天，结果妈妈就朝我吼，"小溪委屈地说。

　　"哦，这次是妈妈的原因。"

　　"我想回家。"小溪又转转了话题。"回家干什么？"我问道。"回到自己的房间里，"小溪回答道。"回到自己房间里干什么？"我继续追问。"不愿见任何人。"她想把自己封闭起来。"那同学、老师见不到你想你怎么办？"我想把她的关注点转移过来。"我就想一个人静静。"小溪还是坚持。"把自己关起来也不是办法啊，"我说道。"我就是想回去。"小溪又开始钻牛角尖了。

　　"有什么事啊，可以说说吗？"我不能跟着她的情绪走。

　　"我就想让妈妈听听我的心里话，可是，妈妈只知道吼。"孩子开始敞开心扉。孩子的任何问题，最终都要从家庭找到答案。这为沟通交流打开了一扇窗。

　　聊的过程中，我发现小溪就是渴望得到妈妈的爱多一点儿。"希望妈妈不要动不动拿爸爸来说事儿，好像他们的问题都是因为我。"

　　"行，我知道了。"

　　以前谈话后基本上是私下里电话家长进行沟通。这次，我要来一个现场直播，家长来不了，我就现场连线。

我拨通了小溪妈妈的电话。当我把孩子的状况和诉求告诉她时，传来的是妈妈的不冷静。妈妈说："我做不到，我能做到的只有两个。第一，我保证你完成学业，第二，解决你的温饱问题。其他的要求，我做不到。我也是一个普通女人，我已经很不容易。"

看来，妈妈并没有理解孩子的真正需求。

电话这边的小溪听到妈妈强硬的态度，本来稍微平复的情绪又再一次被激怒，声泪俱下。

坐在一旁的我，听着小溪的话，不自觉地将她对妈妈的渴求说了出来："我十岁的时候你说我长大了，我十四岁的时候你说我自立了，我十六岁的时候你说我成人了。我打扫了家里的卫生，你给我的答复是，这是我理所应当的。能不能换种方式，对我说'你辛苦了，你最棒！'能不能把我当成孩子，多爱我一点儿。我有个弟弟，我不是因为有了弟弟我就无理取闹，你能不能多爱我一点儿，回家后抱抱我。我只想和你一起说说话、聊聊天，用轻松的方式进行沟通和交流。我知道你很辛苦，我不需要过高的物质需求，我只希望你能改变一下说话做事的态度，改变一下爱我的方式，仅此而已。还有能不能不要把大人经历的事情强加给我，我犯错了，你可以骂我、打我，就是不要提我生父的事情。"

我又把孩子的想法进一步地重申强调："小溪妈妈，我知道，您刚才说的都是气话。您工作很辛苦，上有老，下有小，真的很不容易。我们应该达成共识：第一，孩子是懂事的，但她还是一个未成年的孩子。第二，孩子别无他求，只想在学校学习一天后回到家里，得到妈妈一个温暖的拥抱、一个关心的微笑。第三，孩子希望和妈妈聊聊天、谈谈心，将心里话说给妈妈听。退一步想，孩子的这些需求对于我们大人来讲并不难，难的是生活的压力让我们无心关注这些，更无力去做这些。我们在外努力工作最终是为了给孩子一个好的生活，但孩子看不到我们的辛苦。这就是我们和孩子最大的区别。"我和小溪妈妈进行了进一步的沟通。在沟通的过程中，小溪妈妈的情绪也稳了下来。"胡老师，真的太感谢您了，我现在想想，我对孩子的态度太苛刻了，总把她当大人看。我也没有扮演好妈妈的角色。"

我又把电话递给了小溪，让她们母女重新对话。此时，彼此的情绪已经稳了下来，电话里是妈妈向女儿道歉，女儿又向妈妈道歉。看着小溪脸上露出了笑容，我悬着的心也放了下来。

电话结束，小溪感激地说："谢谢胡老师！""不用客气。小溪，你的妈妈很爱你，只是迫于生活的压力，少了一些耐心。都说女儿是妈妈的贴心小棉袄，我也希望你这个小棉袄能温暖妈妈的心，"我拍着小溪的肩膀，欣慰地点头说道。"小溪，你看，出了问题，冲动能不能解决问题？"小溪摇摇头说："不能，老师，正如您说的，要好好沟通。""对呀，沟通是解决问题的最好方法，理解和信任是彼此温暖的最好药剂。胡老师希望小溪不苛责，不抱怨，做好自己，关爱他人，做一个善解人意、奋斗进取的人。"我表达了我对小溪的要求。

这一次的谈话，让我陷入了沉思。当遇到问题找不到解决的切入点时，学生就会用简单的方式发脾气，结果就会适得其反。此时，班主任要善于观察学生的情绪变化，走进学生的内心，倾听他们的心声，助他们一臂之力，跨过这个坎，相信他们的人生就会积蓄继续前行的力量和信心。做学生的引路人，让他们绽放青春的美丽！

坚持，照亮梦想之路

青岛交通职业学校　丁文杰

"不积跬步，无以至千里；不积小流，无以成江海"，荀子的话自上学至今，一直深深地影响着我。今天作为一名教师，我也仍然讲给学生听，引导学生克服学习生涯中的困难，最终走向成功。

坚持不一定胜利，但是不坚持永远不会到达成功的彼岸，这让我想起了2016年我辅导学生参加技能大赛时遇到的一位学生，她给我印象很深。技能大赛应该是职业学校领域技术要求最高、含金量最高的比赛，选手需要进行层层选拔，选拔流程规范，要求选手具备技能比赛基本素养。对于汽车营销比赛来说，不单要掌握汽车方面的基本理论知识，更需要在语言交流上下功夫。郭同学，学习成绩班级名列前茅，形象气质也不错，班主任老师也强烈推荐。经过层层选拔，郭同学顺利进入了汽车营销训练队伍。

经过一年的集训，郭同学进步挺大，代表学校参加青岛市市赛选拔赛，然而结果不理想，那时营销比赛是团队比赛，两人一队，郭同学发挥失常导致整个队伍成绩靠后，没能进入青岛市市赛。

市赛选拔赛结束后，郭同学心理变化比较大，没有了之前的精气神，对于自己的发挥失误影响队友一直耿耿于怀,放不下心理包袱。有一天,她找到我说要退出,我当时没有立马拒绝她。我跟她说了她的师哥师姐从失败到成功的故事,告诉她任何一件事情不坚持到底都不会有什么结果,失败了不可怕,可怕的是一蹶不振。失败说明自己还有进步的空间,要想成功,必须坚持,持之以恒。我让她回去了,如果想好了决定退出,那么我同意她的决定,但是如果退出的话后面可能就与技能大赛无缘了,就失去了参加市赛、省赛和国赛的机会,毕竟才高一,还有两年磨炼时间。我给郭同学拷贝了之前师哥师姐参加大赛的视频。

过了两天,她来到我办公室,跟我说她要坚持训练,想实现自己参加国赛的梦想。她跟我说,视频里师哥师姐以饱满的状态练习,那嘹亮的声音、利落的动作、标准的微笑,都让她羡慕不已。站在领奖台上的师哥师姐眼神坚定,举手投足之间尽显专业素养,浑身上下都散发着自信与朝气,这就是她日思夜想的场景,她下定决心重整旗鼓,坚持训练,总结不足,要为梦想而奋斗。

坚持努力是成功的关键。她的师哥师姐都是国赛一等奖的水平,经过日复一日年复一年的练习,才取得这样的一个结果。既然师哥师姐们都能做到,那么她就没有理由做不好。认定目标后,她经常利用课余时间,通过多种渠道学习汽车专业知识。想要取得好成绩,只有不停地练习。练习这 4 个项目的流程,练习各个环节的软件,不停地完善,做好每一处细节,练好每一个环节间的衔接。做完再复位,一次又一次地重复。但临近比赛时,她的表现力依然没有达到最佳效果,她甚至曾一度怀疑自己的能力。但是她想到那么多人在背后为她付出的努力,便咬紧牙关坚守在实训车间,日复一日地训练。在最后的冲刺阶段,她更是每天早上不到 5 点就起床,走各个项目的流程,白天不停地加强、完善细节,晚上则认真钻研专业知识。到底练了多少遍流程,她也记不清了,她只有一个念头:登上国赛的舞台,回报所有为她而努力的人,回报她得到的沉甸甸的关爱,为学校的信任,为老师的倾心付出,为心中那期盼已久的梦想!

梦想是一个人前行的动力。"走得最慢的人,只要她不丧失目标,坚持不放弃,持之以恒,也比漫无目的地徘徊的人走得快。""锲而不舍,金石可镂",一次次的失败不算什么,她相信只要不断努力、不断追求、不断奋进,就一定会有新的突破。通过训练、备赛、参赛,让她找到了曾经的自信。一次又一次的比赛,让她逐渐成长起来,在不断学习的过程中领悟到了科学的学习方法。机会是平等的,抓住时间、抓住机遇,就能把握成功。经过一年的努力,她凭借过人的专业技能被选拔为学校的主力选手,开始参加青岛市、山东省乃至全国职业院校中职学生技能大赛，并接连获得青岛市三等奖、青岛市二等奖、山东省一等奖、山东省二等奖、全国二等奖等多项优异成绩，尽管各种荣誉纷至沓来，她依旧乐观、积极，脸上没有一丝骄傲的神情，因为她知道山外有山，人外有人，强中更有强中手。

学无止境，郭同学深知自己需要学习的东西还有很多，她的愿望是升入本科，学习更多汽车知识，进一步提升专业素养，争取登上更高、更大的平台。她说，希望在不久的将来，成为自己所学专业的佼佼者，成就一番属于自己的汽车梦！

践行爱的教育

青岛交通职业学校　刘江波

1995 年我毕业于山东师范大学，光阴荏苒，20 多个年头匆匆而过。担任班主任 16 年，累过、彷徨过，但对学生的爱从来没有减少过。随着时光的流逝，教书育人的信念更加坚定。

职业学校的学生也渴望得到认可，也希望成为对社会有用的人才。关键是教师能不能走进他们的心灵，用爱点燃他们的理想之火。当职业学校的学生确立奋斗目标的时候，他们照样能焕发出耀眼的光彩。来到交通职业学校以后，我不放弃每一个学生。我尊重他们，当他们犯错的时候，我耐心地听他们为自己辩解，然后一点点地分析他们到底错在哪儿。当他们不想学习的时候，我教育他们"千金在手不如一技傍身"，引导他们苦练技能，为将来踏上工作岗位做好准备。真情换真心，慢慢地，我和学生的关系越来越融洽，班级凝聚力越来越强。

2017 年我又迎来了新一届的学生，班里有个学生叫小范，军训时他自理能力很差，不会叠军被、不会整理个人物品；他不爱和同学们交往，休息时总是一个人孤独地站在一边；他与老师交流时也表现得很胆怯、躲躲闪闪。与家长沟通后，我才知道他在初中时因为被班主任误会而受到严厉的批评，之后他就很怕老师，甚至情况越来越严重，最后出现了心理问题而休学了半年。了解了这种情况后，我特意组织了"相亲相爱一家人"主题班会，号召同学们互相关心、互相帮助。我也经常找他谈心，和他一块树立学习目标。慢慢地，他的情况有所好转，可是与老师还是存在一些隔阂，总是不能彻底放开心防，我也始终在想办法走进他的心里。不久后，一件突发的事彻底改变了我俩的关系。那是一个下午，放学后他和另外几个同学在宿舍整理内务，他突然跑过来跟我说："老师，我拉裤子了。"当时他很无助不知道怎么办。为了不让他难堪，我赶紧找借口让其他同学返回教室，然后帮他清洗衣裤，一边清洗一边跟他讲老师以前做过的糗事，听着听着，小范笑了。从此，他彻底把老师当成了知心人，什么事都愿意跟老师说一说，各方面都有了很大的进步。这让我深深地意识到，孩子们的心理其实很脆弱，可能老师一句无意的话都会对他们造成很大的伤害，但是如果老师能够真正地尊重他们、爱护他们，会对他们的个人成长起到很大的助力作用。

正如巴特所说，教师的爱是滴滴甘露，即使枯萎的心灵也能苏醒；教师的爱是融融春风，即使冰冻了的感情也会消融。只要我们怀着对孩子的一腔热爱，用心与孩子交流，他们必然会还给我们一个惊喜。

热爱每一个学生

青岛交通职业学校　王晓慧

每个孩子都是一个特别的个体，中职学校的学生更是具有各种复杂的"问题"。营造一个有爱的氛围，发现学生身上的闪光点，通过赏识鼓励，能够帮助问题学生摆脱问题成为一个有爱的人。

小王是我在班里发现的第一个特别的学生。高一刚入校军训的时候，进行齐步走训练，小王在队伍中永远是走不齐的那一个，总是被教官单独叫出队伍练习。他没有顺拐也没有错步子，就是走路节奏有问题，好像总是和别人错开半拍，让教官十分头痛，小王自己也十分无奈和尴尬，其他同学还在一旁埋怨嘲笑，不愿和他站在同一排。每每练习，教官都快被他气疯了，这孩子也依旧没脾气无怨言，还是服从安排，不停练习，只是效果甚微，大家都担心最后的阅兵会被他影响。同学们初相识，大家都互相不够了解，我不想让小王从一开始就在同学面前树立一个特殊的形象，我决定想个办法帮助他。翻阅学生档案时我发现这个学生的家庭结构正常，父母还都是本科学历的公务员，他从小在城市中长大，小学初中还都是当地市区内不错的学校，体检结果也正常。通过几天的相处，我发现小王特别积极参加各项活动，不管是代表班级进行拔河比赛，还是打扫卫生、搬水，他都积极举手要求参与，不怕脏不怕累，所以我认为小王非常想获得别人的认可，也很想融入集体。我决定给他安排一个特别的任务：举班牌。他需要站在队伍的最前面，自己一排，这样他跟后面队伍的脚步有点偏差也不是很明显。

　　小王特别乐意接受我给他安排的这个举班牌的特别任务，但是事情并没有我预想得那么顺利。小王自己站在队伍前面，训练的时候就总是会忍不住转头看后面的同学，他的不自信成了新的问题。经过我和教官的鼓励，训练时一次次地提醒，他终于学会了控制自己，抬头挺胸不回头地前进。当全班同学信心满满进行军训阅兵彩排的时候，小王又出现了新问题，在嘈杂的现场注意力非常不集中，无法分辨出自己班级的口令，要么埋头前进，要么停滞不前，导致后面的队伍也走得乱七八糟，同学们都非常生气。最后一晚的调整时间，我让教官单独给小王传授经验，我借机和其他同学一起交流，安抚同学们的情绪，引导同学们一起帮助小王解决当下之急。我们最后讨论出了一个好方法，用小游戏的方式让小王能够辨别喊口令同学的声音：全班任选五个同学喊同样的口令，小王背对着他们，从中选出阅兵时喊口令的同学。借此游戏全班同学都玩得不亦乐乎，在欢乐的氛围中，同学们消除了消极的情绪，快速地熟悉认识了同学的声音，还帮助小王分辨出了喊口令同学的声音。第二天的阅兵式现场，虽然我们并没有获得队列优胜奖，但是我们没有出现明显的差错，把训练的最好一面展现了出来，获得了学校领导的阵阵掌声，同学们最后和教官抱在一起合影留念。

　　开学之后的小王还是出现了各种问题，主要原因就是注意力不集中和不自信，这导致他每次考试都是全班最后一名，但是同学们并没有嘲笑他，都愿意通过鼓励的方式帮助他、监督提醒他完成学习任务。通过与小王父母的多次联系发现，小王的问题也一直困扰着他的父母，我和班级任课老师决定进行一次家访。结合我们的教育经验分析小王的问题很大原因在于他的父母，他的母亲说话比较强势，总是打断孩子说话，认为孩子小不懂事，观点不对，所以阻止孩子表达。我们能够体谅家长想要保护孩子，让孩子少走弯路的心态，但是这阻碍了青春期孩子的自我表达，打击了孩子的自信心。我们私下与家长沟通，建议家长多花时间耐心倾听孩子内心的想法，多让孩子表达自我，如果孩子的观点不对也要放手让孩子试错，多鼓励孩子，让孩子自己发现更好的方法。

　　高中的三年时间，小王的成绩虽然没有太大的提升，在班级中还是经常排在倒数，但是他整个人自信多了，做事的注意力也提升了不少。家校携手的作用强大，我们发现机会就让小王展示自己的特长，及时表扬他的优点，耐心对待他的缺点，也从不放松对他的要求，最后中专毕业的小王顺利考取了大专学校继续学习。

　　"热爱每一个学生"是陶行知先生的格言，每一个孩子的身上都有闪光点。

我们中职学校面对的学生很多在初中都是不受重视的群体,是倍受责备成长起来的孩子,但是我们不应该放弃任何一个孩子,每个孩子都值得被爱,每个孩子都能成为有用之人。爱是赏识鼓励,爱是平等要求,爱是互相帮助,教师、家长和同学共同的爱能够帮助"问题学生"增强自信,更好地发展。

团结对班级的力量

青岛工贸职业学校 刘忠臣

恩格斯曾说:"只有在集体中,个人才能获得全面发展其才能的手段,也就是说,只有在集体中才可能有个人自由。"

班主任工作是艰巨的,不仅需要爱心、耐心与细心,也需要创造。因为你面对的是几十个充满创造力的孩子。而且,随着社会的发展,学生的问题也时有出现,而社会也要求我们教育出充满创造力、有个性的学生。因此我们的班级管理也应富于创造性。比如通过班级组织的一些活动,既可以缓解气氛,缩短师生间的心理距离,又可以让学生愉快地接受教育,更能够促进班级团结,让班内的每一个学生都更加富有团队精神,使整个班级变得更加和谐。

而通过每一次班级活动的规划、组建和实施,我总能从中获得不少的感动。

就比如我在班级里组织过的"两人三足"绑腿跑比赛,就充分地展现了班级学生的凝聚力和团队协作力。我将学生分为四组,每组十个人同时比赛,横跨操场跑一个来回,最先达到终点的队伍获胜。

一切都已准备就绪。随着一声哨响,四组队伍便同时出发,学生都一齐喊着"一二、一二"的口号,并跟随口号迅速迈出与其对应的脚。在这四组的行进过程当中,有的配合默契,健步如飞,迅速向终点迈进;有的则出了问题,寸步难行。跑得快的组员的脸上一边洋溢着幸福的笑容,一边还在不断前进;跑得慢的也没有垂头丧气,他们一边鼓励彼此,一边开始重新调整,继续追赶对手。有两个组的速度不相上下,你追我赶。伴随着极其富有节奏的节拍声和愈演愈烈的加油声,有一组队伍已经率先抵达了终点。

看着学生得到冠军兴奋不已,我也不禁为他们的胜利感到开心与激动。

"我很喜欢这样的团体活动,它让我直观地感受到了一个班级的凝聚力。"赛后我问一个没拿到冠军的同学遗憾不遗憾时,他说:"能把同学们聚到一起,能将十多个人绑在一起，在鼓劲声中，一起出发，再一同前进，有没有名次其实并不重要，重要的是我们在比赛过程中能够收获到友谊和快乐，我认为这才是对我，甚至是对我们整个班级的同学们来说最珍贵的宝藏！"

比如班级内部组织的足球比赛，有的学生即使根本不会踢足球，只要我叫他加入，他二话没说就上场了。当我问他为什么的时候，他说："虽说我不会踢球，但我喜欢那种在球场上的感觉，虽说是重在参与，但我还是觉得一个团队比我自己要重要得多。"

再比如学校组织的运动会，当自己班级的运动员在赛场上驰骋的时候，加油的队员在高声呐喊为其加油助威，后勤的人员也为运动员的赛后做了充分的准备，从每一位运动员到每一位后勤人员再到为运动员加油的同学们，每个人都充满了力量。除此之外，还有我们的拔河比赛、羽毛球比赛……每一项都少不了团队的力量。每个人都像是拥有了班级的凝聚力，这种凝聚力让班级变得更加团结。

如今，我所带班级的学生在我对"团结"这个理念的指导下，逐渐形成了轻松愉快且富有特色的班级氛围，学生的团体意识、班集体意识、团队协作力和集体荣誉感也越来越强。而我也在这些班级活动实践中丰富了自身，同时提升了自己对班级管理的实践经验，在组织班级活动中拉近了与学生之间的距离。

有人说："团结的力量是一种伟大而神奇的力量。"是的，团结的力量就是可以把渺小变成巨大，它能够带来成功，也能够带来希望。因为团结，所以我们能互相关怀；因为团结，所以我们能互相帮助；因为团结，所以我们能相互友爱，相互凝聚。

学会相处，学会自立

青岛交通职业学校 刘媛媛

高一上学期刚开学的一天，小 M 突然来到了我的办公室。当时我正在埋头准备教案，看见他进来后便询问发生了什么事情。在我的印象里他属于那种不怎么爱说话的学生，但毕竟刚开学没多久，所以我也不是很了解。"老师，我不想住宿舍了，我感觉我和其他同学根本合不来。"听到这里时我有些吃惊，因为在我眼里小 M 属于那种比较老实的孩子，怎么会和其他同学处不来呢？我停下了手头的工作，问道："怎么回事呢，宿舍里的同学欺负你了？"小 M 没有说话，只是低着头。我有些无奈，只能让他先回教室，准备找跟他一个宿舍的学生询问一下情况再说。

晚自习的时候我把班长喊到了办公室。因为班长也是小 M 的室友，他应该知道一些情况，哪知道我还没有问呢，班长就已经开口了："老师，您是不是想问那个关于小 M 的事情啊？"我有些惊讶，但还是点了点头。"他今天来找我说不想住宿舍，问他怎么回事也不说，这两周刚开学我比较忙，也没空去查寝，小 M 有什么情况吗？"班长并未对我的话感到惊讶，似乎是早就料到了，他接着说："小 M 和我们都处得不太愉快，不是我们欺负他或者孤立他，是他自己的原因，反正我没见过上高中都不会照顾自己的人，他竟然连被子都不会叠，老是让别的同学帮忙，一次两次还行，时间长了我们就都有点烦了，他的衣服也从来都不洗，换下来的都扔在柜子里，昨天晚上有个同学说他衣服占地方太多了，让他收拾一下，结果他就不去，最后那同学把他的衣服都扔在他的床上了，估计就是这个原因吧。"听完班长的话我有些头大了，小 M 与其他同学的矛盾看来并不是那么简单，我不能贸然进行批评教育，否则可能会适得其反，打击他的自尊心。

我让班长先回教室，接着便打开抽屉拿出学生登记表，拨通了小 M 妈妈的电话。几声铃声过后，电话那头传来一位中年女性的声音，在听到我是小 M 班主任后，电话那头有些慌乱了。"是不是我家孩子出啥事了啊，他是第一次住校，是不是被同学欺负了啊？还是吃不习惯、住不习惯啊？"我安慰她说："没多大的事，小 M 最近是和同学闹矛盾了，问题不大，打电话就是想问一下小 M 平常在家都干些什么啊？""小 M 是我们家的独子，从小到大都没有离开过我，平常在家都是照顾得好好的，都不舍得让他干活，要不是高中不能走读，我就把他接回来住了。""小 M 妈妈你别担心，孩子已经上高中了，应该锻炼一下自立能力，你也不能一直这样照顾他对吧，这件事情我会好好处理的，麻烦你了，小M妈妈。"我挂断了电话，心中已经大致明白了这件事情的原因。小M是家里娇生惯养的独子，自立能力特别差，当务之急是要让他明白自立的重要性，然后再解决他与宿舍同学之间的矛盾问题。

第二天活动课的时候，我把小M叫到了宿舍，看着他有些杂乱的床铺，我一边帮他收拾一边询问："是不是有点想家啊？"小M有些难为情，手指头勾得紧紧的，"是有点想家了，老师。""昨天跟你妈妈打过电话了，她很关心你的生活，平常在家都是你妈妈给你收拾所有的东西吗？"见小M没有说话，我又仔细地将他的衣服叠好。"你现在已经是一个小大人了，也是个男子汉，怎么能让你妈妈一直照顾你呢？你也应该学着自己照顾自己，我上高中那会，我妈已经基本不管我的生活起居了，衣服什么的都是自己收拾自己洗，毕竟谁也不能在家生活一辈子，你妈妈也很辛苦，不是吗？"小M比刻的脸已经红成一片了，他用蚊子般的声音说着："我知道了，老师，我昨天也想了很久，也觉得自己不够独立，大家都在一个集体里面生活，我不能什么事情都要麻烦别人。"我把收拾好的衣服放进柜子，"你看，收拾一下多整齐啊，也能给别人腾出来一点空间，自己感到美观的同时也能方便别人多好啊，再说了，在集体里面生活，大家都应该互帮互助是没问题的，可是咱们不能事事都麻烦别人啊，自己能动手的事情就可以自己做，这样才能交到朋友，也能收获更多的成就感，等你回家的时候你妈妈肯定会很开心的。"小M使劲地点了点头，开始和我一起打扫宿舍的卫生，看着他有些笨拙的动作，我忍不住笑了起来。相信小M已经懂得了自立的重要性，接下来的日子也一定会和室友们相处得很愉快，他的本性是好的，只不过懂得有些晚而已。

晚自习的时候我又把那天和小M闹矛盾的同学叫了出来，向他解释了一些情况，这位同学也正在为那天说话重而感到自责，听完我的话以后便当即表示愿意帮助小M同学。"没错，互帮互助就是同学间的感情啊，我知道你也没有恶意，老师很高兴你能这样说，快去学习吧。"晚上我提前了半个小时去查寝，刚好碰到小M和那位同学一起去洗衣服，看着他们有说有笑的背影，我感觉瞬间踏实了许多。今天的夜空格外漂亮，繁星点点、微风习习，这是夏天的馈赠，也让我的心情变得十分愉悦。

每个学生的宿舍生活都将会是难忘的经历，宿舍就像第二个学堂，学的并不是知识，而是与他人相处的道理。很多时候学生就是在这里获得精神上的成长，从而成为更好的自己。

一颗裹着糖衣的苦果

—— 帮助一位深陷情恋的学生的育人故事

青岛交通职业学校　于瑶

早恋，也叫作青春期恋爱，指的是未成年男女建立恋爱关系或对异性感兴趣、痴情或暗恋。在中国，"早恋"一词带有长辈的否定性的感情色彩，一般指十八岁以下的青少年之间发生的爱情。

第一次见到小 L 同学，他给我的感觉是穿着很时尚，从头到脚打扮得很用心。除了这些，其他的没有太深的印象，大多数时间他在我面前都比较安静，一个人独来独往。但是还不到一周的时间，他的名字就让我印象深刻。几个女生班的班主任找到我说，我们班的小 L 经常去他们班找女生说话，还在袖子里藏了棒棒糖，见一个女生就主动搭讪，给人家发一颗棒棒糖，问人家要微信。这个年纪的男生对男女交往充满了期待和好奇，更何况我们学校男多女少，有这种行为也不足为奇，我决定对这件事进行"冷处理"。

可是让我没想到的是，开学不到一个月，他们宿舍的同学又找到我说，小 L 太可怕啦，他昨天晚上竟然在宿舍里拿着小刀往自己胳膊上割！还边割边笑，这真是太震惊啦！我马上找到他宿舍的其他同学询问，所有人都给了我肯定的回答，而且还给我描述了他的很多奇怪表现。大家都很恐慌，怕万一有什么危险。针对这种情况，我一分钟都不能耽误，但是毕竟我们才刚接触不到一个月的时间，互相之间不太了解，我又找了宿舍里两个比较善于沟通的同学和我一起在办公室里和小 L 谈谈。

如果我严厉地训斥他，会有好的效果吗？我想肯定不会，还是先问清楚怎么回事吧。我关切地问他胳膊疼不疼，看到他的胳膊上一道一道的红血印，我感到触目惊心。看到他没精打采的样子，又觉得有些心疼。我用碘伏给他轻轻地消毒，他显得很不自然，幸亏有舍友在旁边鼓励着他，要不然他肯定会不让我看。处理完伤口，我又给他削了一个苹果吃，边吃苹果，我们边聊。

也许是气氛没有那么严肃，也许是他能感受得到我的真诚，也许是舍友的关心让他放下了很多的防备，他告诉我们，他以前在初中的时候经常遭人欺负，他喜欢的女生也嫌弃他。他很难过，又不知道该怎么解决这些困扰。他决定到了一个新的学校，一定要以新的形象示人，一定要找一个女朋友来显示自己的魅力。于是，他刻意打扮自己，主动去找女生交往，但是现实给了他又一次打击，他一次次被喜欢的女生拒绝。所以他很伤心，很绝望，就想到了用自残这种伤害自己的方式让心里好受一些。

听到这些，我们在场的人都很感慨，既同情他曾经的遭遇，又为他现在的用力过猛感到无奈。但是可以明确的是，他现在的这些怪异的行为都是曾经受到的欺凌给他留下的阴影造成的。就像那些深陷恋情的学生一样，他们没有人生目标，追求人生享受，厌倦学习，缺乏自信，一旦有人示爱就受宠若惊。他其实是很渴望被关注的，但是不知道该用什么样的方式获得大家的关注。他以为找到女朋友就可以获得大家羡慕的目光，他以为爱情是甜的，可以慰藉他受伤的心灵。但其实他尝试的时间是错的，现在的爱情反而是一颗裹着糖衣的苦果，看起来很美好，真正的味道是苦涩的。

经过一晚上的倾心交谈，我觉得我们都释然了很多，他愿意用更自然的状态面对新的同学，接受了我的建议，扩大自己的交友圈，培养自己的兴趣爱好，把精力更多地放在学习上。他的室友们也愿意接受这个看起来奇怪但实际上很愿意和他们一起说说笑笑的同学了，我们帮他一起规划怎么去做他喜欢做的事情。和舍友们一起打球，一起学吉他唱歌，看到他们逐渐接纳他，我也松了一口气，庆幸没有酿成什么严重的后果。

第二天，我送给他一个本子，在第一页写下了一段话："人生每个阶段都有每个阶段的使命，我们千万不可以在春天就去挥霍夏天。敞开怀抱拥抱每一缕阳光，接受每一个笑脸，让自己变得更好！"

用爱照亮孩子前行的路

青岛交通职业学校　王玉兰

高尔基说过："谁不爱孩子，孩子就不爱他，只有爱孩子的人，才能教育孩子。"可以这么说，没有爱，就没有教育，爱是教育的灵魂。有爱心的教师善于把关怀和宽容作为与学生沟通的法宝。

小宇，是我们班一名品学兼优的学生，沉稳、内敛，和同学相处得也很不错。高一寒假前期末考试那几天行色匆匆，情绪比较低落。是有什么不好的事情发生了？与朋友闹矛盾了还是和父母吵架了？后经了解，小宇的父亲被车撞了，腿部受了伤，住进了医院。每天他考完试第一时间就赶去医院，他是家里的独生子，只有他能替换一下母亲照顾父亲。假期里我与他联系了几次，得知小宇的父亲病情正在好转，而小宇的情绪也恢复了正常，我也就放心了。

　　然而，让我吃惊的是开学后我却见到了一个沉默寡言、意志消沉、时常走神、不合群的小宇。看到他的异常，我的心顿时一沉，我意识到一定又发生了什么。我赶紧给他妈妈打去了电话，想了解一下孩子的情况。电话那头小宇的妈妈已泣不成声，断断续续的述说中，我听到一个震惊的消息，原来就在开学前些天，小宇父亲的腿伤已基本痊愈，马上要出院了，小宇父亲就想着让娘俩晚上好好歇歇，不用再陪床了。小宇和妈妈看父亲确实好得差不多了，医院离家又近，也就没再坚持晚上陪床。第二天一早，小宇妈妈单位有事，就让小宇一人先去医院照顾父亲。结果小宇走进病房，发现平常这个时间早就起床的父亲还在"睡着"，怎么也叫不醒，父亲漏在被子外面的手脚一片冰凉，小宇吓坏了，醒过神来连忙大喊医生，却连一个护士都没喊来……家里人怀疑是医疗事故，这几天正和医院打官司。

　　得知这个情况，我能够想象得到，一个十五岁的孩子，孤零零一个人面对亲人突然离世的那种害怕和无助。于是我当即决定到他家里去看看。放学后我和班长带着一些补品到了小宇的家。他家不大，能看得出来，曾经也很温馨，现在却很冷清。小宇的两个大爷原本也在帮着打官司，但都病倒了，官司也还没有结果。看着他们母子的眼泪，看着他们相依为命，听着小宇妈妈诉说着孩子一次一次从梦中惊醒……我的心一抽一抽的疼。小宇妈妈甚至不敢让孩子待在家里，坚持让他上学。

　　看着这个原本品学兼优的孩子茫然的眼神，我不希望他就此消沉下去，我觉得我需要做点儿什么，来帮助他重拾生活的勇气和信心。我向学校领导反映了小宇的情况，学校伸出了援助之手，团委书记和学管主任代表学校给小宇家送去了很多生活用品。学校老师的关爱，让小宇感受到了温暖。但我知道，这是远远不够的。

　　在学校生活中，同伴的力量不容小觑。我和班里同学讲了小宇家里的情况，希望他们理解为什么小宇前些日子不理他们，对他们那么冷淡，令我欣慰的是，他们纷纷表示理解，对小宇的遭遇表示同情，真是一群懂事的孩子。我表扬了同学们的善良，同时也对小宇的变化表示了担忧，不希望小宇从此不合群，脱离我们这个大集体。聪明的同学们领悟了我的用意。此后的日子，同学们三三两两，经常不露声色地接近小宇，"小宇，上厕所，一起去啊""小宇，杯子里没水了吧，我正好要去打水，顺便给你打着啊。""小宇，这道题我没听明白，你能给我讲讲吗？""小宇，走，打球去"……渐渐地，小宇不再沉默寡言、神情郁郁。看到小宇的变化，我心里很高兴，私下里表扬了帮助小宇的同学们。

我知道，伤痛的愈合需要很长时间，但忙碌会让人暂时忘记伤痛，于是，我开始慢慢地给小宇安排更多的事情做，鼓励并辅导他参加职业生涯规划设计书比赛，学习成绩本就优秀的他获得了全国一等奖。几次班会由他主持，推荐他进学生会为同学们服务。忙碌的日子里，小宇也收获了同学和老师的赞扬。伤痛虽然还在，坚强的笑容却挂在了脸上，小宇仿佛浴火重生般长大了：在家里，他做饭洗衣，尽力为妈妈分担家务，妈妈夜班，他就像爸爸以前做的那样，去车站接妈妈回家；在学校里，小宇也用自己的努力回报同学和老师，考试连续位居班里第一，主动帮助学习困难同学掌握专业知识和专业技能。小宇更是在高二当选为学校学生会副主席，被评为市级三好学生。他说，以后要和妈妈好好生活。

爱是阳光，教育的奥秘其实很朴实，并不深奥。正如陶行知先生所说："捧着一颗心来，不带半根草去。"播撒爱心，热爱学生，用爱照亮孩子前行的路。

用镜头捕捉瞬间，用光影记录感动
—— 班级文化建设育人故事

青岛交通职业学校　于瑶

2020 级 11 班是我带的第一个"3+4"班，这些学生精力充沛，活泼好动，虽然在管理上难度很大，但是也不乏有一些有个性的"小牛人"，李勇刚就是其中之一。

第一次看到这个名字是在接到新生名单的时候，他的名字在首位，也就是说，他是我们班入学成绩的第一名，让我印象深刻。第二次看到这个名字，是在我让学生发给我的自我介绍里，他说他喜欢摄影，让我非常惊喜。因为我也是一名摄影爱好者，我喜欢拍照，喜欢剪辑视频，现在班里有一个和我有共同爱好的学生，真是太难得啦！于是我对这个班的班级文化建设又有了一个新的想法，用镜头捕捉瞬间，用光影记录感动。

但是我还没来得及把我的想法分享给他，他就主动找到我，跟我诉说了很多在班里看不惯的事情。我看得出他对现状很不满意，他所期待的高中生活和想象中的落差很大,他对周围同学毫无克制的嬉闹非常反感。其实不光他感到落差很大,我也深有同感,我没想到全级部成绩最好的班的学生是如此没有规矩,像一盘散沙,没想到管理这个成绩最好的班居然是我带过的所有班里难度最大的,开始的那些种种美好设想在整治各种乱象的消耗中消失得无影无踪。

不过,他与我的沟通仿佛又让我看到了希望,原来并不是所有的同学都这么没有规矩,不是所有的同学看到这些现象都会无动于衷。我们就像找到了志同道合的战友,彼此给对方鼓励。他看到了我在努力地想办法解决问题,看到了我希望把这个班带好的决心。我也看到了他对我的支持,看到了他也希望找到一个突破口帮我摆脱困境。我想到了他的特长,我给他看我以前给学生拍的照片,和以前的学生一起拍的微电影,他很感兴趣,也很羡慕。于是我把我那个快要忘掉的想法告诉了他,不出我所料他也很开心,欣然接受了我的建议。我看到他的眼睛在闪闪发光,我知道我们会一起携手把那些脱缰的"野马"收回来,让他们成为真正的"千里马"。

从那以后,每天他都会随身带着相机,在班里、在校园里记录着那些平凡又精彩的青春画面。慢慢地,我的朋友圈开始分享他的作品,学生、家长、同事都纷纷点赞。慢慢地,班级的展示柜上开始有他的作品,班级的文化氛围有了很大的提升。慢慢地,学校的新闻里开始有他的作品,运动会的跑道上、艺术节的舞台下,到处都能看到他忙碌的身影,很多学管处的老师、团委老师需要拍照的时候都会第一个想到他。他变得越来越忙碌,生活越来越充实,他也越来越自信。

在他的带动下,班里又有一些喜欢摄影和剪辑的同学也加入进来,从拍照片到拍视频再到剪辑视频,一个完整的团队慢慢地形成。很快,我们申请了班级视频号,学生会把拍摄、剪辑好的作品在视频号上分享。他们的眼界越来越宽,创作的灵感越来越多,作品的品质也越来越高。拍摄的范围从班级到校园,从校园到校外。

被认可的荣誉感让这些同学找到了一种从未有过的快乐,他们的充实感染着周围的人。不知从什么时候开始,班里多了一把吉他,过了一段时间又变成了好几把吉他。课间混乱嬉闹的声音少了很多,取而代之的是悠扬的音乐和动听的歌声。不知道从什么时候开始,教室后面图书角的书已经满了,晚自习写完作业的同学开始安静地阅读了。不知道从什么时候开始,教室里的篮球、乒乓球、羽毛球变得供不应求,课后的运动项目变得越来越丰富。

那些脱缰的"野马"慢慢地不那么狂躁了,也许是之前太压抑,突然之间来到了职业学校，突然不用再奋斗的他们，狂躁地找不到自我。现在当他们看到周围的人都有更有意义的事情做的时候，他们似乎也开始反思自己的行为，也开始寻找能让自己更充实的快乐源泉。

虽然他们成长得很慢，但是他们确实在一点一点地改变，虽然还有很多期望没有实现，但是站在我身边可以看向同一个方向的人确实越来越多了。

就在高二要开学的前一天，我收到了李勇刚发给我的一个文件，打开一看，一张张唯美的照片映入眼帘，那是关于学校的春夏秋冬，那是关于他们成长的点点滴滴。我仿佛又看到了他那闪闪发亮的眼睛在告诉我：我们做到了！

用我的爱和关心唤醒学生

青岛工贸职业学校　刘忠臣

一、问题的发现：认识孙东

据同学们反映，孙东同学本学期开学后近一个月，在上课及课间无精打采，学习的积极性不高。身为班主任的我有一种迫切感：走近他，帮助他，不能让他掉队。

二、问题的症结：解读孙东

借开家长会之机，我特意跟孙东的父亲交流意见。我了解到，孙东小的时候因为父母工作原因，一直和奶奶住在一块，跟奶奶的感情很深，后来才和父母生活在一起。父母觉得在他小的时候没有尽到父母之责，所以在物质方面尽可能地满足他的需求，很少违背他的意愿。我想，可能主要是幼时的生活经历和父母的溺爱影响了孙东，导致他任性、自律性不强，对学习、工作积极性不是很高。

三、问题的解决：转变孙东

（一）对策与方案

这样的猜测和分析到底对不对，我心里也没有数，但是，不论什么原因，当务之急是要帮助他培养学习的兴趣。最好的办法就是老师和同学体贴他、关心他、信任他，让他真正感受到爱，逐渐培养他的学习、参与活动的兴趣。我准备不让他意识到我在教育他、改变他,那种居高临下的教诲对于一个失去学习兴趣的孩子来说只能是一种压力,他不会因为老师的享谆教诲而喜欢上老师和学校生活,从而产生学习、工作的兴趣。我希望通过学习外轻松愉快的交往和看似闲聊的交谈,与他逐步建立起相互信赖的关系;我还打算努力引导学生营造一种相互体谅、相互鼓励、相互分享、相互关心的集体生活氛围。春雨润物细无声,相信他在这样一种相互关心的人际关系和集体氛围中能够被感化,从而产生学习、参与活动的兴趣。

(二)方案的实施

第一步:辅导谈话

带着这样的设想,我比以前更留意孙东,寻找与他闲聊的时机,一次体育课我同他闲聊。

师:你喜欢体育课吗?

生:(点头)

师:喜欢与同学交往吗?

生:(点头)

师:我不喜欢只看到你点头,我想听到你的回答。

生:(点头)喜欢。

整个交谈过程中,孙东只讲了一句极简单的话。但他的神情鼓舞了我,我原先的分析和估计可能是对的。我等待着下一次谈话的到来,准备与他展开一段讨论。

第二步:教育性谈话

为此,我又设计了一次私下谈话。

师:你现在有了明显的进步,我想对你提出更高的要求。

生:老师,我以前表现得不好,能跟上吗?

师:学习中追求上进从来没有晚的时候。你现在才十五六岁,人生的道路还长着呢。现在开始,一切还都来得及。只要你努力,一定能跟上。(用鼓励的眼光望着他)

生:(欣然点头)

(三)实施效果

一个多学期过去了,通过老师和同学真诚的帮助、耐心的引导、和风细雨般的渗透,孙东同学有了很大的进步:活动中能积极肯干,做事也不再拖拉,而且还经常提出一些有思考性的问题，各方面中对自己要求更高了，表现也越来越好，在与家长的交流中，我对他的进步给予表扬和鼓励，他父亲说，现在孙东在家里的脾气也有所改变，经常与父亲谈论起自己的学校、老师、同学。

四、反思与讨论

孙东身上的变化是令人欣慰的，也促使我对自己的工作进行反思。

反思 1：对一个失去兴趣的学生的教育，怎样做到润物细无声，使他重新找回学习兴趣？在看似简单的闲聊式的交谈中，教育工作者怎样启迪学生的良知和爱的意识，让他们感受被关心的愉悦，从而使他们逐步找回信心？在这些问题上，通过辅导、教育和转变孙东，我自己也获得了许多感悟。

反思 2：教育是一件感情和理智相互交融的工作。如果对学生缺乏爱心，或者对学生表达关爱之情不得体，就难以赢得学生的信赖，难以解除他们与教师交往以及在学校生活的障碍，更难以引导他们学会关心。另一方面，如果对学生的内心需要和行为问题缺乏敏感性、洞察力、理解力，就会错失许多帮助学生进步的时机。

反思 3：教育是一件非常困难和艰苦的工作，但是如果工作有创意又有成效，它又是一件非常吸引人的工作。我最初对孙东行为表现的原因分析，带有很大的猜想成分，事后证明这种猜测是正确的，这对于我无疑是莫大的鼓舞，那次私下谈话和课堂上的交流也取得了较为满意的效果，从中我感受到了一种身为人师的快乐。

反思 4：这件事情也让我们对学生有一个新的认识，要善于抓住他们内心世界和行为表现中闪耀的"火花"，用自己的关心和爱去唤醒他们，从而使他们体会到老师是在真正地爱他、关心他。

欲知方圆，则必规矩

青岛交通职业学校　丁文杰

目前学校都是依法办学，以规章制度管理学校，学校管理制度对于学生的行为习惯教育尤为重要。矩不正，不可为方；规不正，不可为圆。所以，班规班纪一定要立。作为一名新班主任，我管理班级方法策略欠缺，缺乏足够的经验，经历时间受限，在第一年带班要更加严格谨慎，刚入手就要时时刻刻关注每位学生的性格特点,关注每位学生的行为举止,这样才可以为班级管理打下基础。

在新班级刚建立的时候,我就确立了班规,包含了学生在校生活学习的方方面面,如课堂状态、自习纪律、宿舍纪律、宿舍内务、卫生区、跑操规定;成立了班委团队,对班干部职责进行了完善,并且根据学校德育学分管理规定形成个人德育学分评比量化专项。德育学分管理是学生个人评优评先的有效依据,德育学分跟中小学处分相挂钩,有效警醒学生时刻严格要求自己,通过日常良好的表现保持德育学分。

有制度就要有奖惩制度,班级在期中、期末分别进行班级优秀表彰,同时学校也有评优活动,通过这些表彰辐射影响更多的学生进入优秀行列,以点带面,强化学生的竞争意识,班级内形成争优、创优的良好班风。对于德育学分低、犯错误的学生通过班规进行适当惩罚,如打扫卫生、帮班级同学服务,通过表彰先进和义务劳动惩罚等活动来巩固班规、校规威慑性。

校规班规已有,但是班级仍出现上课迟到、作业晚交、宿舍违纪、自习睡觉等现象,校规班规在个别学生身上显得苍白无力。严格的管理让学生不得不接受这样的挫折教育,心有余气,敢怒不敢言,但这不是我们的目的,所以,在制度管理之中,我们更应该正确对待处理学生所犯的错,尊重学生,善于听取学生诉求,给予关怀,让学生从内心服从管理。

2018届班级有名学生,高一刚入学出现作业迟交、晚交的现象,最后发展到不交作业。有一次因为作业的事情居然跟任课老师顶撞起来,了解情况后我直接约谈了这名学生。首先我问了学生的想法,他说:"老师,我真不喜欢上这门课,从小学开始,我对这门功课产生了抵触感,直至今天,我仍然排斥,所以作业我更不想写,说实话每次作业我都是抄的,因为我根本静不下心来学习这门课。"我接着问:"你跟任课老师顶撞对不对呢?你静下心来好好琢磨一下,你的作业任课老师是不是可以不查呢?那样的话你是不是也轻松了啊,那样的话任课老师是不是也不会生气了呢?但是,老师的职责是教书育人,这是人民教师的使命,换作任何一位任课教师,也不会不管你的,老师主动检查你的作业,是对你负责,是监督你的学习,而不是让你放纵自流。假设所有任课老师,包括我对你不闻不问,你觉得舒服吗?你觉得你在班级还有位置吗?换个角度思考一下问题,老师的用心良苦是希望每一位学生在高中三年都有收获,有做人的收获,有技能的收获,更有对自己定位准确的收获。"我心平气和地跟他聊着天,他也跟我讲述了以前的好多故事,有好的故事,也有闯祸的故事。慢慢地,他对我放下了警惕心,开始跟我聊他心里的故事，刚才的一番话让他似乎懂得了点什么。这位学生的眼眶开始湿润了起来，我递给这个大男孩一包纸巾……最后他说："老师，我错了。"我就等这句话，其他的我也没有多说，就让他回去了。后来任课老师跟我反馈，这名学生找她道了歉，并且后面的作业每次都按时上交。

教师不仅要传授知识，更要传授人生。其实，仔细想想，我们的学生都还是一帮孩子，教育一个孩子得先了解一个孩子，就像谈恋爱一样，彼此了解才能走得更远，只有理解学生的心才能得到学生的心。

学生有时候也需要关心和照顾。学生的学习之路崎岖不平，而我们的教育之路也不可能一帆风顺。学生都有一颗会飞的心，有一个悠远的梦，我们要用心关怀，助他们一臂之力。以制度管理培根铸魂，呵护学生健康成长；以人文关怀启智润心，激励生命竞相绽放。

择一事终一生

青岛交通职业学校　王晓慧

小陈是我校高三汽车运用与维修专业中专班的学生，要在企业实习一年的时间，初入职场他十分兴奋，在一家汽车4S店做喷漆学徒，他觉得能够自己动手干活比坐在学校教室里学习有意思多了。我是小陈的实习指导教师，第一次走访企业时，车间主任就向我表扬小陈，说他家离单位较远却从不迟到，还都是最早到车间的，平常员工测试也总拿满分。我听了之后十分欣慰，这孩子在学校是学机修的，来实习干的是喷漆，我还担心他没有基础不好上手，没想到还干得不错还获得了领导表扬。结果实习了没多久，小陈就给我发信息说不想干了，我惊讶不已。小陈认为在单位里面天天做一些打磨的工作，没有新意，师父也不让干别的活，他觉得自己就是给师父打下手的，永远不能出头，也学不到什么技术。

作为实习指导教师，我要帮助学生解决实习中的问题，指导学生端正实习态度。我跟小陈进行了深入的交谈，告诉他怎样看待实习：首先，实习是去学习实操技术的，但是站在单位的角度考虑，不可能这么快就让实习生承担有技术含量的工作，万一给客户的车辆造成问题，损失的不仅是公司的形象，更重要的是可能会危及驾驶人的安全。等到自身技术过硬时，公司自然会放心安排更有难度的任务，这是公司负责任的表现。实习生在工作的时候要紧跟师父，企业安排的师父肯定都是能够独挑大梁的技术骨干，实习生要学会为自己抓住机会、创造机会去学习提升技术能力。其次，实习是学生从校园走入社会的过渡期，不仅是要提升技术，更重要的是了解一家汽车 4S 店中各个岗位的工作流程，了解企业的运营和管理方式，了解品牌特色还有行业前景，学习在单位中人际交往的方法，进而去寻找、去体验发现真正适合自己的工作岗位。实习生在工作中不能只在自己的岗位埋头苦干，不要白白浪费了学校和企业为学生创造的实习机会，要全方位了解自己所在的实习单位，做好未来的职业发展规划。再者，其实任何工作都是在不断地重复，但是我们要依旧保持细心和耐心去面对每一次的工作任务，力求将每一件小事都做到细致，还要学着从重复性工作中体会挖掘到不同之处，发扬青年人的探索精神和吃苦耐劳的工匠精神。经过交谈，小陈决定不能轻易放弃这次实习机会，既然选择了就要好好干下去，就像我说的，他还有很多没有做到的事情，对这个单位还有很多地方需要了解。

半个多学期的实习过去了，从暑假到了寒冬，天气逐渐转凉，我又收到了小陈的信息说不想干了，我很好奇这次又是遇到什么问题了。小陈说，他所在单位里喷漆部门的人都排挤他，要么什么都不上他干，要么好几个人找他干活，忙得应接不暇。原来是小陈的人际交往出现了问题。通过具体了解情况我发现，很多工作小陈现在都能够独立完成了，所以部门里除了原先安排的师傅外，还有其他没有徒弟的师傅就也想找小陈帮忙，毕竟实习生是固定工资，工作所记的工时都算给师父。小陈不懂得拒绝，帮助了别的师傅，自己师傅的活就没法干了，师傅生气就什么都不让他干，别的师傅也不让他干，弄得他里外不是人。究其个人原因，小陈人际沟通能力不够，说话办事不够周到。我一边找车间主任反映问题，找小陈师父沟通协调，另一边教小陈如何应对这种状况。我建议小陈先跟自己的师傅协调好，优先完成师傅安排的工作 等师傅休班时再帮助其他师傅工作，小陈要学着解释和拒绝，不能在单位里面每个师傅找他帮忙工作他都去，弄得自己忙不过来还好心办了坏事。遇到问题必须要想办法解决，不能先抱着逃避的心态，同为一个汽车行业，换个公司也有可能碰见同样的问题，甚至碰见曾经的同事。就这样，一年的实习时间很快过去 遇到问题解决问题，小陈兜兜转转还是坚持下来了，最后企业也向他抛出橄榄枝，愿意给他提供正式员工的工作岗位，等他大学毕业再回来工作。

学生在企业实习的过程中会遇到各种各样的问题，心态观念也会一直变化，不管怎样，学生遇到问题不能先选择逃避，既然选择学习这个专业又进入这个行业工作，就要专心做好，所谓"择一事终一生"，没有什么简单的工作，勇于面对一切困难和挑战，不断战胜自己才是我们要培养的精神。

绽放"迟开"的花朵

青岛交通职业学校　刘媛媛

"又是小 W ！"看着眼前字迹潦草且错误百出的英语作业，我简直是气不打一处来。每次批改小 W 的作业都能让我的血压瞬间飙升，且不说涂涂改改的卷面，单单这些错误的单词拼写就能让我瞬间怀疑自己的教学水平。我有些无奈地将作业先放在一边，转身拿起教科书准备去上下一节英语课。

作为班主任，我清楚地知道班级里每个学生的情况，班里也有爱玩的和不爱写作业的学生，但是经过教导能认识到自己的错误，唯独小 W 让我十分难办，他不仅经常在课堂上捣乱，还撺掇同学和他一起逃课，但好在小 W 不管在校外还是校内都不会做出格的事情，我暂且将他定性为思想素质还可以的后进生。正在我思考的时候，一个熟悉的声音从我的班级里传了出来，"就不给你，就不给你"，赫然就是小 W 的声音。我瞬间火冒三丈，这小子又在干什么！不知谁说了一声"老师来了"，班级里混乱的声音顷刻间消失得无影无踪。我定睛一看，小 W 正拿着一位女同学的书满教室乱跑，正巧跑到了我的面前。看见我来，小 W 像是被抓住尾巴的小猫，低着头不肯看我，大概是被我严肃的表情吓到了。我拿走他手里的课本还给了那位女同学。此刻上课铃声突然响起，为了不耽误大家的上课时间，我让小 W 先回到座位上，等到下课再到办公室找我。

这节课很简单，我给学生留了十分钟的写作业时间，转过身开始思考如何解决小 W 的问题。责骂并不是一个好的办法，只会激化矛盾，但是普通的好言劝说显然也起不了太大的作用，难道要对小 W 放任不管吗？只要他不影响同学就随他去？我过不了心里这一关，对我来说，教育好每一个学生是我的责任，不管小 W 的成绩是好是坏，只要他是我的学生，我就要尽全力去引导他走上人生的正轨。

"今天教室里怎么回事，说说吧，为什么把别人的课本拿走，为什么欺负女同学？"我一边拿起一旁还没有改完的作业，一边询问在我面前的小 W。"我没有欺负她，我和她闹着玩呢。""是吗，那为什么那位女同学都快急哭了你还没有还给人家？"小 W 此刻一句话也说不出来。"将心比心，如果把你换作那位女同学，然后被别人这样对待的话,你会怎么想?"小 W 此刻已经不敢直视我的眼睛,他的头埋得很低。"还有你的课后作业是怎么回事,我上课讲的时候你都不听吗?这几天我准备去你家做一次家访,你先回去吧。"听到可以离开后小 W 瞬间如释重负,慌张地离开了我的办公室。要想解决小 W 身上的棘手问题,我必须要多了解一些他的信息,选择最合适的方法进行教育,对症下药方能药到病除。

　　周六上午,我来到了小 W 的家,也见到了他的父母。房屋不大,但是收拾得很整齐,在与小 W 父母谈话的过程中我了解到,小学时期的小 W 并不在这里上学,他是从另外一个城市转学过来的,说到这里时,小 W 父亲突然叹了口气,说道:"我们平常工作忙,没有多少时间陪他,这孩子以前挺听话的,怎么现在这样不省心啊。"我心里大概明白了几分,寒暄几句以后便离开了。周一的时候我叫了班级里几位同学来到我的办公室,询问他们和小 W 的关系如何。"别提了老师,小 W 不是从外地转过来上学的嘛,感觉跟我们格格不入,他老是说以前怎么怎么样,我们都不愿意听。""是啊,老师,他总是恶作剧,我们没人愿意和他做朋友。"同学们叽叽喳喳地说了一圈,我心里已经大致清楚小 W 的问题所在了,他突然来到一个陌生的地方,熟悉的朋友都不在身边,他想融入集体,却又选择了错误的方法,从而陷入一个恶性循环,这导致他的性格开始变得有些极端,想通过一些恶作剧吸引别人注意,幸好现在还不算晚,我有信心帮助小 W 解决他的问题。"那老师问你们,小 W 平常会帮助你们吗?"其中一位同学小声地说:"刚开学那会儿我的桌子坏了,是小 W 陪我一起去搬的。""看来他并不坏嘛,那老师可以请你们帮一个忙吗?每次吃饭时候都去邀请小 W 一起,可以吗?"同学们面面相觑,虽然都不明白我的意思,但还是点了点头。

　　一周以后,我的表扬名单上第一次出现了小 W 的名字,他的作业虽然依旧歪歪扭扭,但能看出来是一笔一画认真书写出来的,错误的地方也有,却明显比以前好了太多。我又一次把小 W 叫到了我的办公室,这次我还没有说话,小 W 却先开口了。"对不起,老师,以前是我不好,我刚来这里的时候很不适应,看着别人都能很快找到好朋友,我就感觉自己被孤立了,就想做点什么引起大家的注意,我没想过去伤害别的同学,这两天和同学们一块吃饭、一块玩耍相处得很愉快,我才发现自己以前一直在做错事,您放心吧,从今往后我都会和大家好好相处,一起学习一起进步。"我欣慰地看着面前长大了的小男孩说:"你能这样想我很高兴,祝贺你收获了这么多的好朋友,往后可不要辜负别人对你的信任,努力做一个三好学生吧,去吧!"

同学们的帮助对一个后进生来说是非常重要的，有时候甚至要比老师的作用还要大，集体对于个体的影响是十分深远的。作为班主任，对待后进生这样的与众不同的特殊群体，我必须从内到外的正确认识他们，用爱让这些"迟开"的花朵绽放在希望的土壤上。

正班风，明事理

青岛交通职业学校　刘媛媛

"这是我从咱们班里一个女生那里收的明星明信片，上课的时候都不认真听讲，一直在看这个东西，你看这多影响学习啊，大好的青春年华不用来学习用来追星多可惜啊！"数学老师说着便把手里的明信片放在了我的办公桌上。这已经不是老师们第一次在课堂上没收与学习无关的东西了，近来班级风气确实有些不好，或许我该组织一次班级活动来刹刹这些"歪风邪气"了。

周五的最后一节是我的英语课，离放学还有五分钟的时候我合上了课本，"同学们，今年是中国共产党建党一百周年，我决定在下周周一的晚自习举办一次以爱国为主题的班级活动，周六周日大家可以去网上搜集一些相关资料，以小组为单位，每个小组都需要讲一位二十世纪的英雄人物的故事，只要是对我们国家有着突出贡献的人物都可以，我会邀请几位老师一起为大家打分，排名第一的小组可以加十分，大家回家的时候着手准备一下吧。"听到这个消息后教室里顿时炸开了锅，大家纷纷开始激烈地讨论起来，就连平时班里最沉默的学生此刻也与周围的同学谈论得热火朝天。看到大家踊跃的情形我还是比较满意的，相信这次班级活动一定会完成得很出色。

周日下午返校的第一个晚自习，我破例允许同学们可以小组围坐讨论周一晚上的班级活动，嘈杂的声音瞬间充满整间教室，我关上门窗以免影响到其他的班级。"同学们，大家先安静一下，相信你们小组内已经分工完毕，在家里的时候已经搜集了你们想要的资料，我在这里提醒一下大家，每个小组要派出一名同学上台发言，我的要求是要有感情地朗诵，脱稿朗诵的话会加分，感情饱满的也会加分，所以你们一定要深入了解你们想要讲述的英雄人物，把自己设身处地地代入到当时的年代，去看看那些伟人是如何在水深火热的年代里用血与泪撕开笼罩在神州大地上的黑暗。"同学们整齐划一地说了声"明白"，转过身便继续着热火朝天的讨论。

　　周一下午，我特地邀请了历史老师和语文老师与我一同参加这次班会，为同学们的发言进行评分和点评。晚自习的时间，同学们纷纷亮起了期待的眼神，我走上讲台，开始宣布班级活动正式开始。一阵热烈的掌声后，第一组代表率先上台。"我今天要讲述的是一群人的故事，他们曾雄赳赳、气昂昂地跨过鸭绿江，也曾用简陋的装备和钢铁般的意志打得敌人仓皇逃窜，他们明知山有虎却偏向虎山行，明知此行一去十有八九埋骨异乡却依旧唱着歌儿踏上征途，他们是抗美援朝的人民志愿军，一群最可爱的人！当时西方国家对我们虎视眈眈，美国更是堂而皇之地越过三八线威胁着中国的领土安全，一场自卫反击战无可避免地开始了。我们的志愿军在极其恶劣的自然环境下用着极其简陋的装备一次次地痛击武装到牙齿的敌人，最终历经千辛万苦终于打破了美军不可战胜的神话。有人说，志愿军最强大的武器就是他们心中的信念，身后就是祖国，面前正是敌人！为了中华民族的前进，他们甘愿牺牲在那场残酷的战争中，只为托举我们后来人的前行……"我注意到许多同学的眼角逐渐湿润，他们的表情都很严肃，此刻没有一个人开小差，这位女同学的朗诵很有力度，勾起了全体同学内心的情感。朗诵结束后，班级里瞬间响起了雷鸣般的掌声，我知道那也是在向伟大的先行者致敬。接下来上场的是第二组的代表，他讲述的是"天炉战法"创始人名将薛岳的故事，这位久经沙场的老将，在万家岭大捷中全歼日军一个师团，为抗日战争的胜利做出了不可磨灭的贡献，这位同学的讲述非常生动形象，为同学们刻画出了一位战必胜的英雄形象，引得全体同学时不时地惊呼几声，感叹着这位将军戎马一生的赫赫战功。第三位出场的代表讲述的是革命先辈李大钊的故事，第四位出场的代表讲述的是杂交水稻之父袁隆平的故事，第五位出场的代表讲述的是两弹一星科学家钱学森的故事……

　　时间过得飞快，转眼间班级活动便已经到了落幕的时间，我和两位老师商议之后决定推选第一组为第一名，他们的情绪感染得特别到位，在场的学生也都同意。"同学们，相信这次班级活动一定能让你们学到很多东西，中国在一百年前还处于水深火热之中，是无数仁人志士用他们的牺牲换来了我们如今幸福的生活，那些在历史长河中为民族献身的先辈才是我们应该追的星啊！想想不过短短百年时间，我们从一穷二白到应有尽有，这中间是数代人的共同努力，在不远的将来，也必然有你们的一席之地。为祖国发光发热，为民族伟大复兴贡献力量，希望你们将这些话记于心中，努力学习，发愤图强，成为一名优秀的社会主义接班人！"

我相信这次班级活动的教育意义正在起着作用，课间时间学生讨论的不再是游戏和明星，而是大家学习上的难题。一个好的班级活动的重要意义不只在于提高班集体的凝聚力，更是对班风的一次锤炼。

正面激励，让学生在肯定中成长

青岛艺术学校　胡秀娟

学生的成长，需要班主任的正面激励。这份激励，会让学生在不自信中找到前进的方向，更加明确自己的目标，并为之努力奋斗！正面激励，让学生在肯定中成长！

周五下午，因为学校要承担高二会考任务，周六学生放假不上课。学校要求下午第三四节课进行考场整理。为了落实课文背诵，我要求已背过课文的学生可以按时放学。其余学生到自习室背课文，直到检查通过后才能放学。"胡老师，我全部背过了，周末的时候我发视频给您。"坐在教室后排的肖佳慧站起来，招着手向我落实，"老师，我可以按时放学了？""必须按时放学！"我特意郑重地回答，并继续说道："必须好好表扬肖佳慧，周末主动发背诵视频给我！"大家不约而同地投去羡慕的目光。班长和副班长、学习委员、团支书、卫生委员主动留下打扫教室卫生，几个背诵完的同学也加入整理教室的行列，其中就有肖佳慧。整理桌子、扫地……肖佳慧那股满满的劲儿深深地吸引了我。我一边帮着搬椅子，一边问她："佳慧，提前背过感觉如何？""老师，挺好的！"佳慧笑着说。这是肖佳慧努力的结果，希望这种经过努力获得的幸福感越来越多！

今天最令人欣慰的是李思垣、李昕珈、玉紫玉。她们终于加入学习的行列，和全班同学同步，共同学习。为了提高速度，那些背得快的同学，我让她们担任老师。肖佳慧更是体会到了主动学习的乐趣。

军训期间，班级进行拔河比赛，肖佳慧以绝对优势加入了拔河的行列。第一局来了一个开门红，大获全胜。这给大家极大的鼓舞。没想到，第二轮抽签，抽到的是11班。当三个体型庞大的男生站到我们面前时，班长拍着其中一个说："兄弟，可以哈！"但这并没有消减大家奋力争取的信心。哨声响起，大家拧成一股绳，与对方僵持了一段时间，但最终因实力悬殊而输掉比赛。但虽输犹荣，因为我们赛出了精气神儿！令人心疼的是大家的手被磨去了皮，肖佳慧也是。但她没有表现出骄里娇气，大家纷纷给她抹药。这是一个坚强的肖佳慧，我已经喜欢上了这个女孩儿！

肖佳慧，声乐专业，脸胖胖的、圆圆的，有一双非常漂亮的眼睛，皮肤有一点点黑。我觉得这个黑并没有影响她的美，若不是她的有意提示，我都忽略了她的黑。

有一次自习课，我刚出门又折回来时，发现肖佳慧竟然拿着粉饼，照着镜子抹粉，我当即没收了她的粉饼。为了净化教室环境，我不允许学生在教室里化妆、照镜子。

虽然没收了，但要让她明白我这么做的原因。第一也是最主要的，擦粉会损伤皮肤。皮肤黑点儿，没关系，抹上，反而欲盖弥彰，极不和谐。健康的美才是真正的美。令我欣慰的是，她从此以后再也没有抹粉。前两天找我背课文，她的皮肤透着娇嫩，我借机加以表扬。

背过的同学可以找肖佳慧背课文，原本在我这儿排着长队的学生，一下子都涌向肖佳慧。我借此表扬，看来还是"肖老师"的魅力大。同学们纷纷点头表示同意，我看到了付出后获得极大幸福感的肖佳慧。

学习声乐其中一项专业课是钢琴课。给孩子配备钢琴，这是最起码的。经过和专业老师沟通，了解了学生的钢琴学习情况，陈雪瑾老师反馈，肖佳慧家里没有钢琴。这也就是说，开学接近两个月，除了周二两节课，周四早晨钢琴早功，其他时间她是不练琴的。这可怎么行，我便找到肖佳慧，"怎么，家里没有钢琴？""老师，我们家太小了，放不下钢琴。""啊，这也是理由？家庭条件怎么样？""还行。""要不要胡老师和妈妈沟通一下？""嗯嗯，需要。"肖佳慧连连点头表示同意。看来，肖佳慧想学。我离开教室，立马拨通了她妈妈的电话。我把整个事情的经过和她妈妈进行了沟通。最后达成共识，为了孩子的成长，马上购买钢琴，并表示，一定支持老师的决定。其实，这不是支持我，而是关心孩子的成长。应该是有了属于自己新钢琴的缘故，肖佳慧练习钢琴的积极大大提高。每天中午，她都和同学一同进琴房，周末也主动发视频到学习群里。看到肖佳慧的变化，我由衷地感到高兴。

也许太过于相信她，期中考试成绩出来，她考了个倒数。这可怎么行，看来还是浮在面上，还需要谈话。我把她叫到讲桌前，一起分析考试的得与失。"老师，我会努力的。"看来，还没有泄气，那股劲儿还在。

　　课堂上，多了一个认真的女孩儿，不再交头接耳，和同桌说话，而是紧跟老师的讲课思路，时而点头，时而眉头紧皱。语文课本上的笔记，永远是写得工整清晰。我喜欢肖佳慧奋起直追的那股劲儿，基础弱不怕，只要那股劲儿还在！正面激励，让学生在肯定中得到发展和提高！相信肖佳慧，在自己的奋力拼搏中，一定能够美丽绽放！

铸好"安全教育"的长城

青岛交通职业学校　　刘媛媛

　　秋天到了，天气格外的凉爽，金黄的枫叶在微风吹拂下不断摇曳着，下一秒便滑动着优美的曲线回归大地。我正望着窗外出神，一阵下课铃声陡然响起。下一节是我的英语课，我起身拿起教科书准备提前几分钟进班，准备看看我的学生在课间都在做些什么。

　　还未进班便听见一阵打闹声，这个年纪的学生还真是活泼啊。刚一推开教室门，一道身影便径直撞向我，教学资料洒落了一地。教室里顿时陷入了一片沉寂，"肇事"学生看到自己闯祸以后十分慌张，连忙上前帮我捡起掉在地上的资料。"小李，你在干什么呢？跑这么快，在班里练习短跑吗？"听到我的调侃后全班同学都哄堂大笑起来，此刻小李的脸通红，我示意他回到座位准备上课。今天学生的态度都很积极，原本计划四十分钟才能讲完的课竟然三十分钟就结束了，我布置了几个英语单词的背诵作业，趁着全班都在大声朗读的时候，我走下讲台巡视了一圈我的班级，棱棱角角的桌子上摆着满满当当的课本和文具，这群学生怎么能在教室里追逐打闹呢？万一磕到碰到受伤怎么办？这个年纪的学生正是活力旺盛的年龄，他们求胜心特别强，在班级里疯着玩的过程中很容易上头，我必须遏制这种行为，将危险的苗头消灭。"大家先停一下，听我说，今天晚上晚自习的时候我准备来一场安全知识问答比赛，大家以小组为单位进行抢答，答对得分，答错不得分，第一名会有特殊奖励哦！"同学们瞬间欢呼起来，看样子对我提的安全知识竞赛很有兴趣。下课铃声也在此刻响起，嘱托几句之后我便离开了教室，开始准备晚上的竞赛。

　　时间很快来到晚自习，我走上讲台宣布比赛开始。"同学们，安全知识竞赛马上就要开始，你们准备好了吗？""准备好了！""好，那我们就要开始了，请听第一题,火警报警电话是多少?"第三组成员率先起身回答:"119。""正确,第三组加一分,请听第二题,在火灾现场,未成年人要坚持的原则是什么? A 先救火再逃生,B 先逃生,C 边救火边逃生。"话音未落,第一组成员便起身回答:"老师,我选 B,先逃生。""回答正确,同学们,遇到火灾等突发情况后你们要记住一定要在第一时间保护自己的安全,生命只有一次,人生没有重来的机会。接下来听第三题问答题,遇到有人溺水求救你会怎么办?可以小组讨论两分钟。"叽叽喳喳的声音瞬间充满整间教室,一阵激烈的讨论过后,第五组成员第一个站起来抢答:"老师,我们小组认为,在这种情况下我们作为未成年人,是不具备下水救人能力的,所以当务之急就是寻求大人的帮助,绝不能贸然下水。""第五组说得很好,就算一个水性很好的成年人,在水里救援也要经过相应的训练,人在溺水时大脑是一片空白的,只有本能在驱动着行动,会抓住一切能抓到的东西,你们这个年纪正是活泼好动的年龄,千万不要在水深的河里游泳,年年都有因为下河洗澡溺水而亡的学生,大家引以为戒吧。请听第四题问答题,课间追逐打闹会造成什么事故,两分钟讨论时间,开始。"又是一阵激烈的讨论过后,竟然是小李红着脸站起来回答:"课间追逐打闹容易摔倒,教室里这么多桌子和凳子,磕到就会受伤,也容易撞到别人。"越往后说,小李的声音就越小,我抬起手示意他坐下。"小李说得对,教室是我们学习读书的地方,怎么能追逐打闹呢?而且不止教室里面,楼梯口、寝室里,除了操场以外的地方其实都不适合,大家以后可得注意了啊,接下来听第五题……"

安全知识竞赛很快结束了,"我宣布第五组同学获得第一名,奖品是五组的同学每人一枚安全勋章。"全班同学都投去了羡慕的目光。"同学们,举办这次安全知识竞赛的原因只有一个,那就是希望你们重视安全问题。你们正是花一样的年纪,有着用不完的精力和活力。但是你们也容易忽视一些安全问题,珍爱生命,远离危险,课间活动可以选择在空旷的地方做一些游戏。《假如给我三天光明》的作者海伦·凯勒一生都活在黑暗里,却依然绽放了生命的奇迹和美丽,你们知道失明是什么感觉吗,你们一只手捂住眼睛,那只被捂住的眼睛就是失明时的样子。"同学们纷纷照做,不时有人发出惊呼和难以置信的表情,"生命的美好在于我们的感受,眼睛是最直接的感受器官,当它不再工作时,我们感受到的并不是黑暗,而是一片虚妄,而这个状态的保持时间将会是永久。所以同学们,请珍惜和热爱我们现在所拥有的一切,他们都是我们宝贵的财富,不要因为自己的大意和无所谓毁掉我们的美好,重视安全问题,做一个健康快乐成长的青少年吧！"听完我的话，同学们一副凝重的表情。我想，今天的安全教育一定能在同学们的心上打下烙印，督促他们牢记安全的重要性。

珍惜生命，热爱生活，安全教育一直是未成年教育中的头等大事。做好安全教育，就能为学生提供一份保障，保护他们，让他们健康茁壮地成长。

润德于心，成德于行

——教育活动篇

篇首语

　　爱人吧！对人的爱是你道德的核心！应当这样生活：让你的道德核心健康、纯洁、强大无比！做一个真正的人，这就是说要为你周围的人贡献出自己心灵的力量，让他们更美好，精神上更富有、更完美；让你生活中接触的每一个人从你那儿，从你的心灵深处得到一点最美好的东西。

——苏霍姆林斯基

　　班主任在管理班级时，都少不了组织班级活动。班级活动，是学校教育活动的重要组成部分，对促进班集体建设有重要的作用，可以促进班级的人际交流和学生的发展。可以说，没有活动就没有教育，没有活动就没有学生的发展，组织班级活动是班主任老师的工作和职责所在，对班主任老师自身的发展具有重要促进作用。

　　工作室从成立以来，我们结合学校要求和所带班级学生的特点组织了很多班级教育活动，对班集体建设起到了很好的促进作用。

爱老敬老·情满重阳

青岛交通职业学校　丁文杰

一、活动背景

重阳节，是中国民间传统节日，节期在每年农历九月初九。"九"数在《易经》中为阳数，"九九"两阳数相重，故曰"重阳"；因日与月皆逢九，故又称为"重九"。九九归真，一元肇始，古人认为九九重阳是吉祥的日子。古时民间在重阳节有登高祈福、拜神祭祖及饮宴祈寿等习俗。传承至今，又添加了敬老等内涵。登高赏秋与感恩敬老是当今重阳节活动的两大重要主题。

二、活动目标

金秋重阳之际，通过开展优秀传统文化教育，培养学生尊老、敬老、爱老、助老的良好品德。夕阳最美，因为那是一种对一天辛勤耕作的告别，是一种对下一个黎明的期待。为大力弘扬传统文化，培育和践行社会主义核心价值观，传承中华传统美德，学校号召各班组织"我们的节日——重阳节"主题系列活动，让青少年在敬老、爱老等活动中，进一步了解"重阳节"这一中华传统节日的内在价值，在体验中学会尊重和孝敬老人，做一个爱生活、知感恩的中学生。

三、活动准备

总结中国优秀传统文化有哪些，让班级学生了解学习；根据学校学管处的班级活动布置，制订班级的活动方案；准备活动成果展示材料，最后以班级为单位进行总结提报，并发学校公众号进行宣传；制作宣传展板，动员学生投票进行优秀作品评比，并在校园内展出。

四、活动过程

1. 开展全校"我们的节日——重阳节"主题升旗仪式

通过升旗仪式，让全体同学认识到敬老、爱老、孝老是中华民族的传统美德，有助于学生自身素质和修养的提高，更好地引导学生学会做人做事，成为一名有道德、有文化、有修养的青年学子。百善孝为先，育德孝为本。让"孝"在同学们心中深深埋下一颗爱的种子，期待着它发芽开花，让爱满溢人间。

2. 慰问、助老志愿服务活动

组织学生走进社区及敬老院等场所，着力关爱空巢老人、残疾老人和高龄老人。陪老人聊天，帮老人打扫卫生、为老人表演节目等，让老人感受到浓浓的节日氛围和关怀温暖，培育尊老爱幼、老少共融的良好社会风尚。

3. 班级开展中华经典诵读及分享活动

精心选择名篇佳作如《九月九日忆山东兄弟》《登高》，引导学生感受传统文化魅力，传承尊老敬老美德，进一步了解、认同重阳节。各班录制学生朗诵诗词的视频一份。

4. 班级开展"重阳感恩"主题班会活动

各班利用主题班会时间，介绍重阳节典故及传统习俗，组织学生在班级内开展"我家的重阳节""重阳感悟"等演讲活动。通过主题班会增强学生的感恩意识，形成尊老爱老的优秀传统美德，将中国优秀的传统文化继续发扬推广到每个角落，引导学生争做新时代中学生。

5. 学生居家"情暖重阳"活动

学生利用周末和重阳节当天可以开展多项关爱老人的活动，如帮长辈做家务、为长辈做顿饭、自制感恩贺卡传递祝福、做情暖重阳关爱卡（了解老人年龄、生日、喜好、愿望）、陪老人一起运动、给老人按摩捶背、送老人一份礼物、替老人泡一杯茶、为老人表演节目。建议学生以自己的实际行动为家中的老人献上孝心，送上祝福，感恩长辈的养育之恩。

五、活动反思

本次活动旨在大力弘扬孝老敬亲的传统美德，增进家庭内部特别是子女与老人之间的感情，进一步营造爱老及幼、家庭和睦的良好社会氛围，利用这次传统节日将中华民族的传统文化和传统美德发扬光大。活动内容丰富多彩，可操作性强。通过开展重阳节主题活动，让学生从小事、从平常的点点滴滴中，以实际行动体现感恩之心，真正让老人感受到晚辈对长辈的关心与照顾。

爱鸟护鸟，我们在行动

—— 青岛艺术学校 18 级综合育人 1 班 "爱鸟护鸟" 研学活动

青岛艺术学校　胡秀娟

一、活动背景

"劝君莫打枝头鸟，子在巢中望母归。"鸟是人类的朋友，是翱翔蓝天的精灵，是与人类关系密切的动物。鸟类以它特有的鲜艳羽色、优雅动人的体态和婉转动听的鸣声，赢得了人们由衷的喜爱。

二、活动目标

为了践行青岛市教育局 "十个一" 活动的号召，提高高中学生爱鸟护鸟的意识，2019 年 7 月 6 日，青岛艺术学校举行爱鸟观鸟研学活动，2018 级综合实验高中 1 班、4 班共 55 名同学参加了此次研学活动。

三、活动准备

联系青岛市爱鸟协会会长，商讨活动事宜；联系学校，得到学校支持，向学生处提出申请，将活动地点确定在阅览室；让学生明确活动的目的和意义，强调安全的重要性。

四、活动过程

1. 专家讲座——《猛禽和鸽鹬》

爱鸟观鸟研学活动分为专家讲座和实地观鸟两个环节。上午同学们齐聚校阅览室，青岛市观鸟协会秘书长于涛老师做了题为《猛禽和鸽鹬》的精彩讲座。

讲座伊始，2018 级综合实验高中 1 班班长苏义轩主持并发出了倡议，同学们纷纷响应，作为鸟类的朋友，我们应当遵守爱鸟公约，带动更多的人加入爱鸟护鸟的行动，使青岛的生态环境更加美好，为爱鸟护鸟贡献自己的一份力量！

讲座以矛隼捕食野鹅的视频开篇，于涛老师向同学们介绍了什么是猛禽、青岛的观猛地点及观猛时间、青岛的猛禽介绍、观鸟活动。于老师从猛禽的习性、以小博大的坚毅品质，谈到满族的海东青图腾，再到不屈不挠、勤劳勇敢的中华文化精髓，高屋建瓴，引人入胜。讲座结束后，青岛市观鸟协会会长进行了赠书仪式,同学代表上台领书。

2.胶州湾湿地考察

下午,同学们在老师和协会专家的带领下,来到胶州湾湿地现场考察。专业的装备、丰富的鸟类资源,让同学们兴奋不已,一度忘记了天空飘落下来的雨,久久不愿离去。面对鸟类栖息地压缩的现状,同学们不忘护鸟使命。观鸟结束后,同学们拿上宣传材料,到周边居民区、工地、养殖场进行爱鸟护鸟宣传。

爱鸟护鸟,我们在行动。此次爱鸟护鸟研学活动,丰富了学生的鸟类知识,通过实地观鸟,增强了学生对鸟的直观认识,并激发起学生爱鸟护鸟的意识。

3.发表研学活动感言

作为家长,有幸随同老师和孩子们参加了艺术学校组织的爱鸟观鸟活动,我感触颇深。这次活动,对孩子们来说终身受益,不仅通过观鸟协会老师的知识讲座学习了鸟类的知识,而且还学会用专业器材实地观察到了栖息在胶州湾的珍贵鸟类——反嘴鹬。孩子们看到鸟的兴奋、冒雨观鸟不愿避雨的热情,深深感染了我,我为在青岛能看到这些美丽的精灵而自豪。

观鸟协会的老师介绍说,这片水域是反嘴鹬最后的栖息地,随着建设用地的开发,不久也会消失,那时候,这些鸟儿将无家可归,在青岛也看不到这些美丽的精灵了,孩子们脸上都露出了不舍与惋惜。我呼吁大家热爱大自然,爱惜这些美丽的生灵,让我们和谐共处!

——2018级综合实验高中1班裘宇祺妈妈

很感谢这次研学活动,通过这次的研学活动,我学到了许多关于鸟类的知识。通过上午科普的讲座,我了解到了什么叫猛禽,知道了它们的捕猎手段和进食方式。各种猛禽的照片和视频,让我看得眼花缭乱,不得不佩服于老师的记忆力,每一种鸟类都能记住它们的名字,这就是专业吧。

在下午的观鸟活动中,我们学习了单筒望远镜和双筒望远镜的使用方法,通过实地观看,我认识了反嘴鹬、黑翅长脚鹬的形体特点和生活习性。鸟类是我们人类的好朋友,我们应该尊重它们、保护它们,同时也要保护环境、爱护环境。爱护鸟类,人人有责!

——2018级综合实验高中1班段洪悦

今天是个值得纪念的日子,因为今天做了有意义的事——参加观鸟爱鸟研学活动。上午的讲座让我了解了猛禽的特点和习性,增加了对猛禽的认识。如果说上午的讲座是书本上的,那么下午的实地观看让我对鸟有了更直观的认识,因为我已经深深地喜欢上了我们人类的朋友——鹬。

刚下车，雨就开始淅淅沥沥下起来，同学们迎着雨迫不及待地观察着。当我拿起望远镜，惊叹于看到的景象：远处小池塘栖息着一片黑翅长脚鹬和翘嘴鹬，它们有的在散步，有的在捕食……观鸟间隙，我和同学们一起来到旁边的工地发传单，这些地方都是鸟类栖息的地方，却因为盖楼房使它们的领地越来越小，不得不生活在那一片小池塘。当工人师傅接过传单的那一刻，我们由衷地感到欣慰，因为自己为爱鸟护鸟的行动贡献了一份力量。

——2018 级综合实验高中 4 班林婷

很高兴参加了学校组织的观鸟爱鸟研学活动，我们上午倾听了关于鸟类知识的讲座，这次讲座令我收获颇丰，了解到了许多鸟类知识，比如猛禽的分类和生活习性，还有它们的身体构造及各个部位的功能。下午我们动身前往胶州湾湿地。在车上，老师具体给我们介绍了装备和注意事项。鸟类惧生怕人，特别容易被惊扰，观鸟者通常只能远远地观察。

这次活动我观测到了两种鸟，令我印象最深的是反嘴鹬，这种鸟类很特别，身上披着黑白相间的羽毛，喙向上微微弯曲，为了保护自己的幼鸟，它们会结成团队，勇敢地与比它们体型大很多的水鸟战斗。这次研学活动，让我了解了许多鸟类知识，开阔了我的视野，让我大有收获。

——2018 级综合实验高中 1 班郭子涵

五、活动反思

此次观鸟活动，将课堂延展到教室外，让学生走进大自然，与鸟类进行面对面的近距离接触。在专家的引领下，学生了解了鸟类的相关知识，增强了爱鸟护鸟的意识，也提高了学生的环保意识。

"快乐读书，终身学习"传统文化读书节活动

青岛交通职业学校 王玉兰

一、活动背景

中华优秀传统文化源远流长、博大精深，是中华民族的精神命脉，积淀着中

华民族最深沉的精神追求,代表着中华民族独特的精神标识,是涵养社会主义核心价值观的重要源泉,是中华民族宝贵的精神矿藏。在实现中华民族伟大复兴的征程中,中华优秀传统文化是我们最深厚的文化软实力,为我们在世界文化激荡中站稳脚跟筑牢根基。

为了适应社会经济的发展对高素质技能人才的需求,非常有必要对中职生进行传统文化教育。传统文化教育对提升中职生的人文素养、精神内涵和道德品质提供了有力保障。

二、活动目标

增强学生的读书意识,激发学生的阅读兴趣。培养学生热爱读书、热爱学习的好习惯,营造浓厚的读书氛围。努力构建书香班级,构建学习型班级。

通过阅读中国经典名著,让学生了解祖国的灿烂文化,提高学生的审美能力,提升道德境界和人文素养。

三、活动准备

老师带领学生一起打造班级读书角;学生准备传统文化读书展示,如古诗词朗诵,经典名著阅读推介与分享。

四、活动过程

(一)导入

常言道:腹有诗书气自华,最是书香能致远。中国有着五千年的文明,流传下来的经典名著作品是非常丰富的。这些经典名著作品里包含了很多有用的知识,隐藏了丰富的人生哲理。阅读经典名著作品可以使我们开阔视野、增长见识、充实人生、陶冶性情,还能够得到心智的提升和人格的培养。

(二)读书漂流活动

1. 班级图书漂流

为方便学生利用课余时间读书,我们专门建立了班级图书角,每位学生提供一本有益的书摆放在班级图书角,在班级内部进行图书分享阅读活动,便于学生间相互借阅,实现书籍资源共享。

2. 校园图书漂流

班级精选 10 本书,进行全校范围图书漂流。学生充分利用课间和自习课时间展开阅读，让有益书籍走进我们的生活，培养热爱读书、热爱学习的好习惯，营造浓厚的读书氛围。

（三）亲子读书交流活动

倡导读书活动走进家庭，以家长和孩子共读一本书、合作诵读、共同收拾书架、书房等形式展示亲子阅读成果。

（四）走出校园，参与全民终身学习活动

利用周末时间，让学生走进图书馆、书店、文化馆、社区读书角等社会公共学习场所，静心读一本书。

（五）读书分享活动

开展中国传统文化读书分享主题班会，组织古典诗词诵读比赛活动，评选出一二三等奖，并表彰奖励；组织经典名著阅读推介与分享活动，分享精彩片段赏析、人物形象分析，分享收获、体会、感悟等。

（六）班主任小结

有人说："如果说电影让一个人的人生延长了三倍，那么阅读经典名著，可以让人生丰富、厚重、精彩三倍。"歌德也说过："读一本好书，就是和一位品德高尚的人谈话。"名著，无疑就是"好书"。从现在开始，好好阅读我国的经典名著吧，从现在开始，更加热爱读书吧，它会启迪你的智慧，丰富你的思想。

五、活动反思

开展班级传统文化读书节活动，培养学生热爱读书、热爱学习、热爱生活的兴趣习惯，提升学生的人文素养，促进学生树立终身学习的理念，是贯彻落实青岛市教育局"十个一"项目行动计划的一项措施，让每一位学生在行动中立足基础，做到"十个一"融入课堂、家庭、社区。通过这次读书活动，让学生更加充分地认识到读书的重要性，从中找到读书的乐趣、学会做人的道理。相信在今后的日子里，学生会运用学到的知识回报社会，做一名优秀的中职生。

党史周周讲，凝聚中华魂

青岛交通职业学校　丁文杰

一、活动背景

党史学习教育肩负着爱国主义教育的重要功能，学习中国近代史和中国共产党党史，有助于汇聚强大的民族凝聚力，增强民族自尊心和自信心，极大地鼓舞全国人民为建设祖国而团结奋斗。2021年是中国共产党百年华诞。中国站在"两个一百年"的历史交汇点，全面建设社会主义现代化国家新征程即将开启。世界将更多目光投向中国，聚焦中国共产党，矢志不渝地为人民谋幸福，为民族谋复兴，为世界谋大同。爱国主义教育是中华民族的民族心、民族魂，是中华民族的重要精神财富，通过不同形式的活动传承红色精神，引导学生形成正确的人生观、价值观，是教育义不容辞的责任。

二、活动目标

通过开展此次专题活动，积极引导广大青少年"学党史、知党情、跟党走"，让青少年更加深入了解党的发展历程，从党的百年伟大奋斗历程中汲取继续前进的智慧和力量。全面提升学生的综合素养，培养德、智、体、美、劳全面发展的社会主义建设者和接班人。

三、活动准备

1. 积极动员。通过班主任会、校园广播、微信公众号等方式进行宣传动员，在全校掀起党史学习热潮。

2. 学校制订主题活动方案，规定每周周一升旗仪式结束后进行"党史周周讲，凝聚中华魂"活动展示。

3. 升旗班级确定党史学习主题，定稿上交团委审核，多次修订合格后，升旗班级组织全体学生进行练习彩排，周一升旗仪式结束后全班进行党史学习演讲展示。

4. 活动结束后组织班级上交活动总结感悟，团委进行评价量化。

注意：各班党史学习主题要按照历史发展的时间顺序确定。

四、活动过程

1. 班级组织彩排党史周周讲。
2. 升旗前一周周五下午团委审核班级彩排是否符合集体展示标准。
3. 周一升旗仪式环节结束后进行班级党史周周讲活动，全校师生观看。
4. 班级撰写活动简讯在学校微信公众号发布。
5. 班级学生写出活动感悟全校共享，班级活动材料上交团委留档。

五、党史周周讲案例

1964年，第一颗原子弹爆炸试验成功

一声巨响在大漠中响起，一朵蘑菇云缓缓升起。远处一群欣喜若狂的人们激动地从山坡上冲下来，互相拥抱庆贺着这历史性的一刻，这是新中国第一颗原子弹爆炸成功时的景象。

1964年10月16日，在我国西部地区新疆罗布泊上空，中国第一次将原子核裂变的巨大火球和蘑菇云升上了戈壁荒漠，第一颗原子弹爆炸成功了，中国继美国、苏联、英国、法国之后，成为世界上第五个拥有核武装的国家。

1956年10月，毛泽东和中共中央、中央军委批准了聂荣臻提出的"自力更生，发展我国核武器、导弹事业"的方针。

1958年，我国建成了第一座实验性原子反应堆，原子弹研制工作进展顺利。

1959年6月，苏联单方面撕毁中苏合作发展核武器的协定，撤走全部专家，带走了重要图纸资料。在这紧要关头，中共中央毅然决定自己动手，从头摸起，准备用8年时间，把原子弹研制出来。

1960年春天，中国的第一批特别工程部队进入罗布泊，开始了中国第一个核试验基地的工程建设。

1963年3月，提出了研制中国第一颗原子弹理论设计方案。

1964年10月16日中国自行制造的第一颗原子弹在新疆罗布泊爆炸成功。

半个多世纪过去，西北大漠上空的蘑菇云早已消散，曾经为我国第一颗原子弹的研制殚精竭虑的人们将被历史铭记。中国从此拥有了保家卫国、捍卫和平的核力量，也打破了帝国主义的核垄断，对维护世界和平具有重要意义。

六、活动反思

2021年是中国共产党建党100周年，党史学习教育是今后中小学生重要的

学习任务,对于职业教育来说,要结合中职学生特点有针对性、分层次、分时间段安排不同内容对学生进行党史学习教育,党史学习教育对学生成长、成才、成人、成功有非常关键的作用,下一步要继续加大党史宣传力度,积极引导学生接受红色文化熏陶,传承红色基因。

放飞青春——户外体验课

青岛交通职业学校　王玉兰

一、活动背景

《中等职业学校思想政治课程标准》(2020年版)中强调:健全人格体现了人的基本精神面貌和意识倾向,是品德和行为习惯的基础,是健康心理、积极心理品质和良好个性心理特征的集中反映。具有健全人格,才能正确对待自我、他人和社会,调控情绪,处理好个人与他人、个人与社会的关系。培育中职学生的健全人格,有助于他们正确认识自我,学会有效学习,确立符合社会需要和自身实际的积极生活目标,培养责任感和创新精神,养成自信、自律、敬业、乐群的心理品质;有助于他们学会竞争与合作,树立正确职业理想,培养职业兴趣,提高适应社会、应对挫折、求职就业的能力。

近几年,由于各种因素的影响,中职学生的心理问题时有出现。为了培养学生乐观自信、友善待人、诚实守信、追求向上、不畏艰难的健全人格,提高学生对学习环境和社会环境的适应能力,我班决定开展此次户外体验活动,让更多同学了解心理健康知识,更积极地生活。

二、活动目标

通过活动,使学生能够放松神经,释放自我,享受游戏带来的愉悦;通过活动,训练学生身体的灵活性、柔韧性、协调性;增强学生之间的配合,让大家明白合作的重要性,让学生体验竞争与合作带来的压力与快乐。

三、活动准备

将班级同学分为两大组;场地准备。

四、活动过程

（一）活动前准备

首先，老师给同学们介绍了户外体验课的主要流程、操作原则、注意事项等内容，让同学们对课程具有整体把握和了解。接着，介绍分组方式，分组采用男生、女生各一组的方式，方便后面活动的进行。

（二）热身游戏——花式冲线

同学们采用自己的方式（走、跑、跳等）依次冲线，以活跃一下气氛，提高学生参与的积极性。

（三）团队游戏——坐地起身

1. 活动步骤

（1）两名同学一组，背靠背坐在地上，两人双臂相互交叉，合力使双方一同站起来。正常来说一个坐在地上的人，是无法手不着物站起来的。

（2）四人手"桥"手，围成一圈，背靠背坐在地上，然后要他们一同站起来。

（3）多人手"桥"手，围成一圈，背靠背坐在地上，然后要他们一同站起来。

2. 活动意义

坐地起身这个游戏可以帮助同学们体会团队合作的意义，培养团队精神。

（四）团队游戏——蜈蚣大翻身

1. 活动步骤

要求每组同学按照纵队排好，每个同学将双手搭在前面同学的双肩上，组成一条"大蜈蚣"。然后要求每组的第一位同学从第二、三位同学的搭手空隙处，第三、四位同学的搭手空隙处……最后两位同学的搭手空隙处钻过去，其他同学依次跟随前面的同学钻完所有的搭手空隙处，直至最后一名同学。活动中双手必须一直搭在前面同学的肩上，不能放下。

2. 活动意义

一条"大蜈蚣"要快速"蠕动""翻身"，不仅需要每个成员都有灵敏转动的技巧，还要有全组成员的默契配合。该游戏有利于形成相互理解、相互认同、相互学习的团队氛围。

（五）活动小结，分享感受

活动结束后，组织同学们分享了活动过程中的感受或收获。

小苇同学："今天的课很有意思,我很快乐。别看这个游戏简单,但是依靠一个人或几个人的力量是不可能完成的。因为在这个游戏中,大家组成了一个整体,需要全力配合才可能达到目标。"

小新同学："我认为活动时同学们要相互配合好,要团结协作。还有,一定要坚持,有一个同学放弃,就不能成功,这也告诉了我们坚持就是胜利的道理。"

小逢同学："做蜈蚣大翻身活动时,同学们不能站得太近,要有一定的空间,'蜈蚣'才可以'蠕动'起来。"

五、活动反思

呵护学生的心理健康,守护学生安全,筑牢心理防线,是老师的职责。通过此次户外体验课,学生亲身体验了游戏的乐趣和意义,放松了心情,增强了团结意识,明白了合作的重要性。日常教育教学工作中,教师要善于运用心理学的知识和有意义的游戏来帮助学生调试情绪,放松心情,培养积极、乐观的心态。

感恩教育——停止抱怨,学会感恩

青岛艺术学校　张丽华

一、活动背景

人非草木,孰能无情。面对形形色色的事物,人们总有这样或那样的体验,时而高兴,时而忧伤。食有五味,酸甜苦辣咸;人有七情,喜怒忧思悲恐惊。这本是人生常态,但是每当生活中有不愉快的时候,我们便会忍不住抱怨,抱怨久了便成了一种潜意识的习惯,然而这种习惯却容易变成我们逃避责任的借口。在教室里,我经常听到同学们的抱怨,有抱怨父母给的零花钱太少,限制自己玩手机的;有抱怨老师布置作业多,打分不留情面的;有抱怨同学自私小气的。我知道这样下去,只会让同学们徒增烦恼,并不能实质地解决问题。抱怨的对立面是感恩,感恩是一种生活态度,是一种美德,是做人起码的修养和道德准则,是对生命的敬畏与关怀。有了感恩之心,人与之间就有了和谐,有了友善,有了快乐和幸福,于是我决定针对这个事情给大家上一堂主题班会课。

二、活动目标

通过活动让学生了解抱怨所带来的不良影响，客观分析自己产生抱怨的原因，学会用一颗感恩的心看世界，珍惜当下，感恩生活，积极面对生活中的不愉快，培养学生乐观阳光的心态。

三、活动准备

彩色粉笔，彩色卡纸，竹签、双面胶、透明胶若干，紫色手环若干，不抱怨承诺书，黑色签字笔，记号笔若干，诗朗诵的打印稿子22份。

四、活动过程

1. 问题导入：以下哪些事情令你不悦

列举生活中常见的事：公交车迟迟不到，食堂爱吃的那道菜卖完了，妈妈不同意你换新手机，等等。同学们各抒己见。

班主任总结：像以上这样令人不悦的事情在生活中是否经常会发生？发生之后是否因为我们抱怨了它就消失了，问题就解决了？那既然生活中不如意事常十之八九，我们都该如何面对呢？首先让我们来分析一下我们为什么会抱怨。

2. 我们为什么会抱怨

"哎呀，我的肚子怎么又疼了"——寻求关注。

"唉，我这次没考入前三名"——引人艳羡。

"都是因为小明没扫地，才导致我没法拖地"——推卸责任。

这都是为欠佳的表现找借口。

班主任总结：通过各种各样的事例我们可以总结出大家日常抱怨的原因主要有三个：寻求关注，引人艳羡，推卸责任为欠佳的表现找借口。

3. 面对问题如果一味抱怨会怎样

提问：如果世界上有两个星球，一个星球你听不到任何抱怨，没有批评、没有嘲笑，更没有闲话，而另一个星球充斥着抱怨、指责、批评和闲话，你愿意去哪个星球居住呢？为什么？

班主任总结：外归因思维——觉得自己的困难是别人的错。导致自怨自艾，陷入停滞，逃避责任。分散注意力——越重视什么、关注什么，就会放大它的重要性。抱怨分散了解决问题的注意力，聚焦在负面想法、情绪上。

4. 加入 21 天不抱怨活动

美国知名牧师威尔鲍温发起了一项不抱怨活动,邀请每位参与者戴上一个特制的紫手环,只要一察觉自己抱怨,就将手环换到另一只手上,以此类推,直到这个手环能持续戴在同一只手上 21 天为止。不抱怨很难吗?不到一年时间,全世界就有 80 个国家、600 万人参与了这项活动,学习如何为自己创造美好的生活,让这个世界充满平静喜乐、活力四射的正面能量。而你也可以参与其中,戴上紫手环,接受 21 天的挑战,为自己创造无怨人生!

活动规则:领取紫手环,同时领取不抱怨活动记录表和承诺书,在承诺书上签字。在活动记录表上记录每一天抱怨的次数和事情,坚持 21 天到班主任这领取《不抱怨的世界》这本书作为奖励。

5. 感恩行动

我们的想法创造我们的世界,我们的生活话语又表明了我们的想法,当我们用消除抱怨来控制言语时,我们就能主动创造生活,引来我们渴望的结果。

感恩行动策略:

(1)每人发放一张小卡片,写上要感恩的人的名字,然后写明白为什么要感恩。签上自己的名字,然后送给这个人。

(2)为你想要感恩的父母、长辈、老师、朋友制作一个感恩手举牌,面对镜头和想感谢的人说一声"感恩有您,幸亏有您,谢谢有您"。

(3)体谅、理解父母和老师的苦楚,不顶嘴、争吵,多为他们着想。每天好好学习,学会尊重、关心父母和老师,给他们一个好心情。

(4)学会关爱身边的每一个人,存好心,行好事,做好人,及时给他人送上温暖和关怀。多做善事、好事,尽自己的力量帮助身边的人。

(5)珍惜当下的生活,节约用水,节约用电,停止生活中的奢侈浪费行为,不攀比,不浪费,爱护环境,低碳生活。

6. 集体诗朗诵

在班干部的带领下朗诵诗歌《常怀一颗感恩的心》,让感恩的诗句浸润心田,让感恩的春风吹到班级的每一个角落。

落叶在空中盘旋飘荡,

描绘着一幅幅感人的画面,

那是大树感恩大地对她的滋养,

…………

感恩，是一种力量，是一种境界，

拥有一颗感恩的心，

我们就会拥有快乐、幸福，拥有一个美好的未来。

五、活动反思

感恩，是一种心态，一种品质，一种艺术。赠人玫瑰，手有余香。每个人都应常怀感恩之心，在学习、生活中，无论怎样都要找到感恩的理由，找到可以感恩的人。只有学会感恩他人，你才可能成为被感恩的人；只有感恩他人，你才会感动自己。

21天不抱怨活动和感恩行动调动了大家的正向情绪，给大家带来了更多积极、美好的体验。通过这堂班会，大家学会了停止抱怨，心怀感恩。

欢度端午佳节　厚植爱国情怀

青岛交通职业学校　刘江波

一、活动背景

2017年中共中央办公厅、国务院办公厅印发了《关于实施中华优秀传统文化传承发展工程的意见》，要求"实施中国传统节日振兴工程，丰富春节、元宵、清明、端午、七夕、中秋、重阳等传统节日文化内涵"，要求深入开展"我们的节日"主题活动，实施中国传统节日振兴工程，丰富传统节日文化内涵，形成新的节日习俗。

二、活动目的

通过挖掘端午节传统习俗，培养学生民族自信、文化自信，进而培养学生的爱国主义精神。

三、活动准备

将全班同学分为5个小组，每组8人，设小组长1名；各小组分配任务、搜集端午节的由来、端午节习俗、粽子的包法、端午节诗词佳句等资料。

四、活动过程

(一)主题班会

学生主持人宣布"欢度端午佳节、厚埴爱国情怀"主题班会现在开始。

播放短视频《赛龙舟》,让学生感受节日的气氛,为中华民族灿烂的民族文化而自豪。

小组代表讲故事,说明端午节的由来。战国时代,楚秦争夺霸权,屈原是楚怀王的大臣。他倡导举贤授能,富国强兵,力主联齐抗秦,很受楚王器重,然而屈原的主张遭到守旧派的反对,守旧派不断在楚怀王的面前诋毁屈原,屈原遭谗去职,被赶出都城。公元前278年,秦兵攻占楚国都城郢城。屈原在听到郢城被攻破的消息后,万念俱灰,投入汨罗江。百姓听说屈原大夫投江自尽,纷纷来到江上,奋力打捞;拿出家中的粽子、鸡蛋投入江中,鱼吃了就不会去咬屈大夫尸身;还有郎中把雄黄酒倒入江中,以便药昏蛟龙水兽。此后,每年五月初五,楚国人都到江上划龙舟,投粽子,喝雄黄酒,以此来纪念屈原,端午节的风俗就这样历经千年流传下来。

小组代表上台展示端午节有关的古今名句。"年年端午风兼雨,似为屈原陈昔冤""彩线轻缠红玉臂,小符斜挂绿云鬟""屈子冤魂终古在,楚乡遗俗至今留""风雨端阳生晦冥,汨罗无处吊英灵""国亡身殒今何有,只留离骚在世间"……一首首脍炙人口的诗词,让同学们与古人隔空对话,感受他们对屈原爱国精神的歌颂与凭吊。

小组代表上台展示端午节的庆祝习俗:划龙舟、祭龙、采草药、挂艾草、打午时水、洗草药水、拜神祭祖、浸龙舟水、吃龙舟饭、食粽子、放纸龙、放纸鸢、拴五色丝线、佩香囊等。

分小组讨论,大屏幕展示屈原的佳作名句:

长太息以掩涕兮,哀民生之多艰。

路漫漫其修远兮,吾将上下而求索。

亦余心之所善兮,虽九死其犹未悔。

讨论屈原有哪些伟大之处,我们应该怎样向他学习。同学们一致认为屈原热爱楚国,为拯救楚国殚精竭虑;他品质高洁、关心百姓的疾苦;他才华横溢,开创了楚辞这种文学形式。

班主任总结发言:爱国的形式多种多样,对于我们来说,现阶段爱国就是立足专业、苦练技能。

（二）迎端午包粽子活动

首先我们向学校提交了举办"迎端午包粽子"活动的申请。当学校批复同意以后，同学们别提多高兴了。同学们准备了大米、大枣、粽叶等材料，并专门聘请手巧的老师担任我们的技术指导。

包粽子的时候，同学们真正感受到"眼高手低"的困扰，两片小小的粽子叶要把大米完美地包起来可真不是一件简单的事情，不过经过努力，同学们还是掌握了包粽子的技巧。

（三）迎端午诗词朗诵会

1. 班级诗词朗诵

包粽子活动结束以后，我们班趁热打铁，又在班级内组织了"迎端午诗词朗诵会"。我们邀请了语文老师对我们进行诗词朗诵培训，同学们体会着诗词作者的爱国主义思想，慷慨激昂地进行朗诵，抒发自己的爱国情感。

2. 校级朗诵展示

经过跟学校请示，我们班承办了一次以传统节日为主题的升旗仪式，同学们热情高涨，充分地展示了自己的风采。

五、活动反思

传统节日是中华民族传统文化的一种重要表现形式，同学们在这次活动中亲身感受到了传统节日的魅力，正因为有了切身的体验，爱国主义教育也就不再流于形式，而是让学生发自内心产生民族自豪感。

及早规划，争做高素质劳动者

青岛交通职业学校　王玉兰

一、活动背景

学生从小学到初中，所受的教育基本上是以知识的传授为主，鲜少有职业素养教育，知识在学生成长发展过程中固然非常重要，但良好的职业素养对学生的发展同样重要，让学生全面发展，为学生的就业、创业以及职业生涯的可持续发展服务是我们的职责。

对学生而言，一旦进入职业学校接受继续教育，也就意味着有了明确的特定专业。职业学校的专业设置具有明显的技术性和职业性，然而学生之前所受义务教育缺乏职业素养教育，这使得他们对自己所学专业的状况不了解或了解甚少，也不具备本专业应该具有的行业职业素养、岗位职业素养。所以，对中职生进行职业素养教育，帮助他们认识专业、了解专业，让他们知道自己应具备哪些综合职业素养，从而目标明确地进行强化训练，让学生为将来的就业、创业做好准备，为职业生涯的可持续发展奠定良好基础，就显得非常有必要了。

二、活动目标

通过活动，使学生了解所学专业，了解所学专业对应的行业职业素养、岗位职业素养有哪些；确定自己的职业发展目标，对应目标行业、岗位应具备的职业素养找差距，做好职业发展规划；培养学生良好的职业精神，提高学生的学习积极性，帮助学生树立成为高素质劳动者和技术技能型人才的信念。

三、活动准备

老师联系本次参观学习的企业——广裕奥迪，做好沟通和对接，企业提前安排好汽车销售、汽车维修与保养的接待和讲解人员。

老师准备"一二三工程学生调查表"，活动前发给每位学生。

学生认真阅读浏览"一二三工程学生调查表"，根据调查表中的提示，填写"想要了解的问题"；带好笔记本、笔，参观过程中随时记录企业岗位要求（技能、人文），并反思在校需要加强哪些方面的技能。

四、活动过程

（一）参观学习篇

2021年12月15日下午，我带领2021级12班的全体学生来到了位于青岛市李沧区重庆中路372号的广裕奥迪，这是他们进入中职学校以来，第一次以汽车运用与维修专业学生的身份走进4S店进行参观学习。

同学们受到了于经理的热情接待，很快，他们被带到了展厅，一名资深销售顾问向同学们介绍了奥迪的历史、车系、车型、性能以及成为一名优秀销售人才的必备技能，同学们听得非常认真。

展厅里陈列的一辆辆奥迪车引起了同学们浓厚的兴趣，同学们一边听着讲解，一边在征得销售顾问的同意后上车体验，兴趣盎然。

随后，同学们来到了汽车维修车间，干净到反光的地面、维修工作人员整洁的工装、简洁大气整齐划一的车间让同学们眼前一亮。在这里，同学们了解了汽车维修和保养的各种程序，知道了"三不落地"制度——修理工具不落地，换的物件不落地，油水不落地。

（二）反思成长篇

"凡事预则立，不预则废"，此次的参观学习让同学们看到、听到、感受到了课本之外的知识。返回学校后，我们趁热打铁，组织开展了主题班会，同学们交流了不同岗位的技能要求和人文要求，反思了今后在校需要加强培养和训练的技能，纷纷写下了自己的参观感悟：

在 2021 年 12 月 15 日，我们参观了奥迪 4S 店，店里专业人士的讲解让我收获许多：奥迪 4 环代表 4 家公司；奥迪分为 A 级、Q 级等多种类型；奥迪工装的小奥秘；奥迪对工具摆放的要求；维修工的素养要求……通过这次活动，我增加了对汽车运用与维修这一专业的热爱，坚定了自己的选择，也知道了自己的不足，在以后的学习中有了明确的进步方向。

——孟繁博同学

其实，在这之前，我对于汽修是毫无兴趣的，而且我对于汽修的印象就是那种浑身脏兮兮的，然后没日没夜地在满是汽油味的车间里工作。但是当我参观完之后，我对汽修的印象就直接焕然一新了，干净整洁的工装、干净的车间、各种科技工具，真的是从来都没有想过，这种工作竟然是这样的。

——朴皙炫同学

令我惊讶的是，修理用的工具竟然有 1 000 多种，价值 500 多万元。车间的环境也很好，车间里有"三不落地"制度，就是修理工具不落地，换的物件不落地，油水不落地。车间里还装配了排气系统，不让有毒有害、有刺鼻气味的气体积攒在车间里，这是非常好的，大大地减少了对人体的伤害，非常贴心。

——徐子晨同学

今天我了解了奥迪名字的由来、创始人的故事，知道了奥迪的良好性能、发动机的级别以及成为一名优秀销售人才的必备技能，如面对多人围观时，能够不怯场、不紧张。售后的 1 000 多种工具都是德国进口的，这让我意识到若是没有扎实的专业知识和动手实践能力是不可能做好售后服务工作的。刻苦学习,争取多动手、多实践,不断地完善自我,这是非常有必要的!这也是我今后要努力做到的!

——周圣皓同学

五、活动反思

学生虽然已经进入中职学校学习特定专业,然而由于种种原因,学生对所学专业要么是不感兴趣、要么是很盲目,没有明确的规划和努力的方向。这次活动是依托学习"一二三职业教育工程"而展开,通过这次主题教育活动,学生的专业意识提高了,学习积极性提高了,服务意识提高了。此次活动对促进学生及早进行职业规划,培养学生的"工匠精神",扎实学习,苦练技能,争做社会主义合格公民、高素质劳动者和技术技能人才起到了现实的教育意义,增强了教育的实效性。

家务劳动 PK 大擂台

青岛交通职业学校　刘媛媛

一、活动背景

人们常说,劳动是伟大的,是光荣的,没有劳动就没有这个丰富多彩的世界。习近平总书记在全国教育大会上指出,"培养什么人"是教育的首要问题,要培养德、智、体、美、劳全面发展的社会主义建设者和接班人,培养一代又一代拥护中国共产党领导和我国社会主义制度、立志为中国特色社会主义奋斗终身的有用人才。习近平总书记把劳动教育纳入社会主义建设者和接班人的要求之中,可见劳动教育在中小学教育当中的重要性。

二、活动目标

本次班会课以小见大,通过培养学生热爱家务劳动的意识,引导学生了解劳动教育的重要性。让学生形成良好的劳动习惯,为以后技能的学习以及将来就业打下良好的基础,最终用劳动教育塑造学生正确的人生观、价值观。

三、活动准备

学生提前制作"家务劳动PK大擂台"的宣传海报，班主任搜索关于家务劳动知识的问答题和生活小窍门的问答，准备比赛道具和奖品。

四、活动过程

为了帮助同学们树立热爱劳动的意识，我利用班会的时间开展了"家务劳动PK大擂台"的活动。

在活动之前，我设计了16道口答题和4道动手题来考察学生的家务能力。其中煎鸡蛋比赛这道动手题事先公布，让大家准备。动手题目公布后，同学们都开始摩拳擦掌，在家积极备战，迎接比赛的到来。

利用周一下午的班会课，家务劳动比赛正式开赛。比赛当天，学生张贴提前准备好的比赛海报。学生自行组队，组成4个参赛小组，选出主持人、计时员、监督员等。

主持人小A介绍了比赛规则：

1. 比赛分口答题与动手题两大类，口答题每题10分，动手题每题20分，综合计分。

2. 比赛结果看小组的累计成绩，成绩最高的小组赢得比赛。

3. 特邀班主任和学校食堂主厨担任裁判。

首先进行口答题比赛。

"第一题，如何保养你的皮鞋？"

"要擦鞋油，然后……"第一题小B说到一半卡了壳，同组的小C马上站起来补充"不能沾水，不能曝晒，不能挤压，不能接触有腐蚀性的东西。"

"回答正确。"全班立刻响起热烈的掌声。

口答题既有趣又有一定难度，简答、选择、判断、改错等多种题型以不同形式展现了家务劳动的丰富内容。不少同学准备非常充分，回答问题干脆利索。

在第一轮口答题结束后，我们进行了"套被套"比赛，每组派出1位同学参加。"请在3分钟内将被套套整齐。"主持人大喊开始，同学们紧张地行动起来。旁边的4名计时员严谨地计时，我作为裁判评出最佳组。最后3组用时最短，套的相对整齐，但大部分组套的都不够好。于是，我开始示范如何快速套好被套，全班发出阵阵惊呼声和掌声。

"同学们，少成若天性，习惯成自然。俄国著名教育家乌申斯基说：'好习惯是在人神经系统中所存放的道德资本，这个道德资本会不断地增长，而人在整个一生中就享受着它的利息。'今天我们进行叠衣服的比赛，也是希望同学们能有良好的生活习惯，希望你们将来能有更多收获。"

紧接着我又讲了一个故事。1978年，75位诺贝尔奖获得者在巴黎聚会。有记者问："你们在哪所大学、哪所实验室里学到了你认为重要的东西呢？"一位白发苍苍的学者出人意料地答道："是在幼儿园。"记者又问："在幼儿园里学到了什么呢？"学者答："把自己的东西分一半给小伙伴们；不是自己的东西不要拿；东西要放整齐，饭前要洗手，午饭后要休息；做错了事要表示歉意；学习要多思考，要仔细观察大自然。从根本上说，我学的全部东西就是这些。"这位学者的回答，得到了与会科学家的普遍认同。我指出这就是习惯的力量，习惯的重要性。

比赛继续进行。有些同学因为平时不做家务活，而闹出了"笑话"。当主持人要求学生简述煮饭的过程，小D同学胸有成竹地说了一通，但同学们都哈哈大笑。小D露出了疑惑的表情。最后同组的小E提醒他："你没说淘米这一步呢！"

在第二轮口答题结束后，我们又进行了削土豆比赛。每组派一名同学削一只土豆。大概是由于不熟练，几位同学的土豆越削越小，椭圆形的土豆竟被削出了尖。只有小F从容不迫，游刃有余，削出一枚光滑圆润的土豆。我问小F土豆怎么削得这么好。小F说，家长做饭时经常让他在一旁帮忙洗菜削皮，时间一长，就练就了这一本领。

三轮口答题结束后，我们移至学校食堂进行压轴的操作比赛。首先进行的是搅蛋液比赛，每组任意选出一位同学快速搅蛋液，蛋液里不能有鸡蛋壳，看谁搅拌最均匀。搅蛋液既考本领，又增加了比赛的乐趣，比赛结果由学校食堂主厨评出。

最后的压轴操作题是煎鸡蛋比赛。各组推选出代表1人，4位同学自信满满地开始炫技。蓝色的火苗舔着锅底，油在锅里"噗噗"作响，每位选手都干得热火朝天。

紧张的时刻到了，该裁判评分了。食堂主厨按照小组的顺序依次品尝。最后从火候、造型、口感等方面评出了获奖小组。接着主厨现场操作，教同学们做出一道完美的煎蛋。

在同学们的欢呼声中，主持人宣布了比赛的最终结果：三组以微弱的优势险胜。在热烈的掌声中，各组代表领取了搅蛋器、围裙、刮玻璃器、皮具保养油等奖品。

不知不觉班会课结束了，但同学们过了好久还沉浸在劳动竞赛的喜悦中。

随后，我通过与家长沟通发现，当天晚上许多同学回家就将自己学到的家务知识应用到了实践当中。本次班会课取得了很好的效果。

五、活动反思

本次班会以"家务劳动 PK 大擂台"的方式，掀起了同学们对家务劳动热情。以比赛的形式开展劳动教育，更能引起学生的兴趣。其实劳动教育就在生活的方方面面中，学生在劳动过程中磨炼了坚强意志，培养了良好的道德品质，开拓了学生的创造思维，在劳动实践中学习为人民服务的本领，最终成为一个德技双全的社会人才。

践行社会主义核心价值观

青岛交通职业学校　王晓慧

一、活动背景

社会主义核心价值观是社会主义核心价值体系的内核，体现社会主义核心价值体系的根本性质和基本特征，反映社会主义核心价值体系的丰富内涵和实践要求，是社会主义核心价值体系的高度凝练和集中表达。培养担当民族复兴大任的时代新人就要培育和践行社会主义核心价值观，将其转化为学生的情感认同和行为习惯。现在的学生都能熟练背诵社会主义核心价值观的内容，但是对其内涵和意义了解不深，因此安排此次活动让学生更深入地理解并践行社会主义核心价值观。

二、活动目的

让学生了解社会主义核心价值观的意义，掌握社会主义核心价值观的内涵，寻找践行社会主义核心价值观的方法途径。让学生能够树立正确的价值观，养成良好的思想品德习惯，能够明辨笃行。

三、活动准备

查阅资料，学习社会主义核心价值观的内涵，全班同学分成三个小组分别根据国家层面——富强、民主、文明、和谐，社会层面——自由、平等、公正、法治，个人层面——爱国、敬业、诚信、友善,进行分工任务,搜集时事新闻或历史事件辅助说明,搞清社会主义核心价值观的实际意义,整合多媒体素材制作课件,准备课上讲解。

学唱社会主义核心价值观组歌,理解记忆歌词内容。

以演讲稿的形式撰写学习社会主义核心价值观心得,准备班级演讲比赛。

四、活动过程

(一)导入

我们学习社会主义核心价值观的内容不能只停留在记忆表面的文字,还要理解深层意思,体会其实际意义,站在我们自身的角色上用实际行动去践行。

(二)分组讲解

通过课前查阅资料,全班同学分成三个小组,分别讲解国家层面、社会层面和个人层面的社会主义核心价值观的内容和意义,结合时政新闻和历史发展,配合信息化素材举例说明。全班同学共同讨论,作为中学生该如何践行社会主义核心价值观。引导学生打开思路理解内涵,把握好生活中随处经历的小事的正确做法,帮助学生树立社会主义价值观念,以实际行动践行社会主义核心价值观。

(三)组歌传唱

同学们课下学习社会主义核心价值观组歌,通过通俗易懂的歌词进一步体会社会主义核心价值观的内涵,欢快有节奏的曲调帮助学生更好地记忆。利用学校周一升旗仪式中班级风采展示的环节进行演唱,借此向全校同学宣传社会主义核心价值观,营造良好的校园氛围。

(四)我与国旗合张影

请同学们利用课余时间观察身边的环境,寻找国旗并与国旗合影,将照片和感受在班级群中分享。让同学们发现社会环境中随处可见的国旗,体会人们对祖国的热爱之情,让学生沉浸于浓浓的爱国氛围中。

(五)演讲比赛

通过以上活动,请同学们将学习社会主义核心价值观的感悟写成演讲稿,在班级中进行演讲比赛。邀请语文老师和政治老师参与评审,最后给获奖同学颁奖以示鼓励。通过演讲比赛,进一步加深同学们对社会主义核心价值观的理解,激发同学们的践行动力。

（六）班主任总结

习近平总书记在北京大学师生座谈会上的讲话中提出了践行社会主义核心价值观的四个方面：勤学、修德、明辨、笃实。同学们作为青年人，是祖国的未来和希望，希望大家能够立足自身角色践行社会主义核心价值观，下得苦功夫，求得真学问，加强道德修养，注重道德实践，善于明辨是非，善于决断选择，扎扎实实干事，踏踏实实做人。

（七）延伸与拓展

写一篇周记，记录学习社会主义核心价值观的心得体会。

五、活动反思

本次活动让学生进一步理解社会主义核心价值观的内涵和意义，最主要的是明确自己能够践行的实际方法和奋斗方向，让学生热爱祖国，产生发自内心的情感认同，逐渐养成良好的行为习惯，树立积极的奋斗目标。

"九九重阳节，浓浓敬老情"主题班会活动

青岛交通职业学校　于瑶

一、活动背景

"我国已经进入老龄社会，让老年人老有所养、生活幸福、健康长寿是我们的共同愿望。"如何让老人们"老有所养"，始终是习近平总书记挂念的"国之大者"。习近平总书记提出"要把弘扬孝亲敬老纳入社会主义核心价值观宣传教育，建设具有民族特色、时代特征的孝亲敬老文化"。

二、活动对象

高二年级学生。

三、活动目标

（一）认知目标

了解重阳节的来历、习俗和文化，懂得敬老爱老是一种美德。

（二）情感目标

通过分享一些重阳节的诗词提高学生的传统文化素养,通过分享敬老爱老的小故事培养学生的传统美德,让学生努力成为一名敬老爱老的践行者。

四、活动形式

情景教学,师生活动主题班会。

五、活动准备

以小组为单位,分别准备重阳节的介绍、起源、习俗、相关诗词,敬老、爱老的小故事,并制作 PPT 课件,准备班会交流;每组根据自己收集的资料设计情境表演或视频;培训班会主持人,确定班会活动环节。

六、活动过程

（一）重阳节小百科

通过观看各小组提前准备的有关重阳节来历、风俗、文化的视频,学生了解到重阳节的时间是农历九月初九。在中国的文化中,"九"为阳数,九月九日,日月并阳,两九相重,故而叫"重阳",也叫"重九"。重阳节在一些地方也称"登高节""菊花会"等。历史上,这个节日不是一个老人独享的节日,关于其起源也有辟邪、求寿和尝新等多种说法。近代以来,重阳节辟邪、尝新的意味日渐淡薄,但求寿敬老的节俗越来越被看重。因为九九重阳与"久久"同音,九在数字中又是最大数,有长久、长寿的含意,所以重阳佳节流行祝寿祈福。现在,如果重阳正值周末,一家老少会欢聚一堂,一起秋游赏景,登山健体。中华民族是一个极为重视孝道的民族,"百善孝为先"。在中国的节日文化中,不仅祭祖、宗等内容体现出浓厚的慎终追远的意识,而且老人在节日中的角色地位也鲜明地体现出人们敬老、爱老的情怀。重阳节就是一个典型的以敬老、爱老为主题的节日。

（二）九九重阳节诗词大会

古往今来,文人墨客在这个特殊的日子里登高望远、吟诗作赋,在历史的长河中留下了不少精彩的诗句,各小组分别演绎诗词里的重阳节,感受传统文化的魅力。

采桑子·重阳

毛泽东

人生易老天难老，岁岁重阳。

今又重阳，战地黄花分外香。

一年一度秋风劲，不似春光。

胜似春光，寥廓江天万里霜。

九月九日忆山东兄弟

唐·王维

独在异乡为异客，每逢佳节倍思亲。

遥知兄弟登高处，遍插茱萸少一人。

九日齐山登高

唐·杜牧

江涵秋影雁初飞，与客携壶上翠微。

尘世难逢开口笑，菊花须插满头归。

但将酩酊酬佳节，不用登临恨落晖。

古往今来只如此，牛山何必独沾衣。

九月十日即事

唐·李白

昨日登高罢，今朝再举觞。

菊花何太苦，遭此两重阳。

九月九日玄武山旅眺

唐·卢照邻

九月九日眺山川，归心归望积风烟。

他乡共酌金花酒，万里同悲鸿雁天。

蜀中九日

唐·王勃

九月九日望乡台，他席他乡送客杯。

人情已厌南中苦，鸿雁那从北地来。

九日作

唐·王缙

莫将边地比京都,八月严霜草已枯。

今日登高樽酒里,不知能有菊花无。

九日

唐·汤衡

黄菊紫菊傍篱落,摘菊泛酒爱芳新。

不堪今日望乡意,强插茱萸随众人。

醉花阴

宋·李清照

薄雾浓云愁永昼,瑞脑销金兽。

佳节又重阳,玉枕纱橱,半夜凉初透。

东篱把酒黄昏后,有暗香盈袖。

莫道不销魂,帘卷西风,人比黄花瘦。

沉醉东风·重九

元·卢挚

题红叶清流御沟,赏黄花人醉歌楼。

天长雁影稀,月落山容瘦,冷清清暮秋时候。

衰柳寒蝉一片愁,谁肯教白衣送酒?

(三)浓浓敬老情故事分享

2017年11月17日,习近平总书记亲切会见参加全国精神文明建设表彰大会的600多名代表,同大家热情握手、亲切交谈。握手结束后,习近平总书记回到队伍中间,准备同代表们合影。看到93岁的黄旭华和82岁的黄大发两位道德模范代表年事已高,站在代表们中间,习近平总书记握住他们的手,微笑着问候说:"你们这么大岁数,身体还不错。你们别站着了,到我边上坐下。"

习近平总书记拉着他们的手,请两位老人坐到自己身旁来,两人执意推辞,习近平总书记一再邀请,说:"来!挤挤就行了,就这样。"相机快门按下,记录下了这一感人瞬间。自然而然的举动,正是习近平总书记尊老敬贤的真情流露。

习近平总书记曾说:"尊老敬贤,绝不能只停留在口头上,而应实实在在地见之于行动。"习近平总书记在工作和生活中,将尊老敬老落在实处、暖在人心,是我们的榜样。作为高中生,在重阳节之际你会怎样向长辈表达心意呢?请大家一起分享。

七、布置作业

完成有关重阳节的手抄报,选出美观且主题突出的作品制作教室宣传展板;为家里长辈做一件力所能及的事。

八、活动反思

现在有的学生在家里备受爷爷奶奶、外公外婆的宠爱,但不懂得尊老爱老。很多学生厌烦老人的唠叨和管教,感觉和他们有代沟,没有共同话题,因此不喜欢和老人在一起,甚至对老人大喊大叫。因此,有必要借着重阳节的机会,开展一次尊老爱老的班会,让学生了解尊老爱老的传统。

拒绝毒品,莫做坠落天使

青岛交通职业学校 刘媛媛

一、活动背景

毒品的传播速度之快、范围之大超过了任何一种瘟疫,而且这种"毒品瘟疫"还有一个与其他的瘟疫迥然不同的特点:患上这种"吸毒病"的人非但不想从中解脱出来,反而"一往情深",变本加厉地追求更多的毒品,越陷越深。青少年正处于心理和生理成长的关键阶段,喜欢追求新颖和相互模仿,容易轻信别人,许多青少年在刚接触新型毒品时,多抱有侥幸心理,认为自己吸食一两次应该不会上瘾,最后坠入毒品的深渊,不能自拔。强化对青少年的毒品预防宣传教育刻不容缓,所以我在学校开展的禁毒宣传月中举行了"珍爱生命,远离毒品"教育活动。

二、活动目标

认识传统毒品和新型毒品,知道并认清毒品的危害性;自觉远离毒品,增强抵制毒品的意识;让学生懂得"珍爱生命,拒绝毒品"的意义,牢固树立禁毒意识,坚决抵制毒品,增强与毒品违法犯罪做斗争的自觉性。

三、活动准备

收集有关毒品的图片，下载青少年禁毒宣传片《毒殇》，制作课件。

四、活动过程

（一）创设情境，巧妙导入

1. 以"花"为引子，激起学生兴趣

师：都说生命如花，每一朵花，只能开一次，只能享受一个季节热烈或温柔的生命。现在请同学们看幻灯片上这么多鲜花，回答问题。（多媒体演示）

出示红玫瑰图片，问：这是什么花？代表什么？（生：玫瑰代表着热烈与永恒的爱情。）

出示罂粟花图片，问：这是什么花？它又代表什么？（生：它代表毒品、代表邪恶、代表犯罪……）

2. 认识毒品

（边讲解边出示毒品照片：鸦片、吗啡、海洛因、可卡因、摇头丸、冰毒等）

师：罂粟花原本是一种美丽的植物，可是自从人们从这种艳红的花朵中提炼出了一种白色的粉末，它就成了罪恶之花。在它的诱惑下，无数灵魂从此坠入万劫不复的痛苦深渊。而围绕它所展开的种种斗争、冲突更成了人类面临的严峻挑战。表面漂亮的罂粟花，粗略加工后变成俗称"大麻"的物质。"大麻"在精炼后能制成海洛因、摇头丸、冰毒等毒性强的非法物质。一旦接触这种物质，就立刻上瘾，继而出现疲劳、抑郁、睡眠障碍等症状，严重者思维难以控制，甚至会导致死亡。例如，某医学院麻醉专业的医学生，在好奇心驱使下趁别人不注意偷偷给自己注射了有强烈致瘾性的麻醉剂杜冷丁，注射成瘾，最后在医院不治身亡。这个令人痛心疾首的案例给每个人敲响了警钟。大量事例告诉我们：毒品不仅能使吸毒者丧命，而且会让吸毒者的家庭支离破碎。

（二）观看视频，认识危害

（教师播放青少年禁毒宣传片《毒殇》）

师：吸毒和毒品犯罪是当今全球性的问题，不知同学们是否认识到了毒品的危害，在心中筑起了一道坚固的"一生远离毒品"的心墙？观看视频后在小组内部交流观后感，然后推荐同学在全班进行交流。

学生分小组交流，再指派代表交流。

（三）讨论交流，远离毒品

1. 教师讲解

师：青少年阶段，既是一个人成长的黄金时期，也是危险期。这一时期青少年的生理和心理都不成熟，一旦遇到挫折就去寻找各种刺激，很容易走上吸毒的歧途。从统计情况来看，2021 年全国有吸毒人员 180.1 万人，35 岁以下青年吸毒人数占 72%。滥用合成毒品人员 103.1 万名，占现有吸毒人员总数的 57.2%，滥用阿片类毒品人员 73.4 万名，占现有吸毒人员总数的 40.8%。海洛因、冰毒等滥用品种仍维持较大规模，大麻吸食人数逐年上升，新型毒品"毒邮票""毒糖果"等极具伪装性、隐蔽性、诱惑性，吸食人数逐年上升。

那么为什么会选择吸毒呢？相当一部分吸毒者是因为交友不慎走上吸毒歧途的，一些积攒了一定财富的青少年，也常常会成为居心不良者的目标。他们会鼓吹"吸毒是身份的标志"，定力不够的人就这样走向堕落了。当然，家庭环境也是个重要的因素，除了家庭成员吸毒行为直接导致青少年吸毒外，有些家庭父母离异或者长期外出，孩子得不到正常的教育。一些经济条件好的家庭，父母溺爱孩子，无条件地满足孩子的物质要求，使孩子有充分的物质条件去寻求毒品的刺激，这也是导致一些青少年吸毒成瘾的原因。那么今天的我们该如何进行毒品预防呢？（出示有关吸毒和贩毒的图片，思考面对毒品，应该如何预防？）

2. 师生交流

3. 教师归纳总结

（1）接受毒品基本知识和禁毒法律法规教育，牢记"四知道"：知道什么是毒品；知道吸毒极易成瘾，难以戒断；知道毒品的危害；知道毒品违法犯罪要受到法律制裁。

（2）树立正确的人生观，不盲目追求享受，不以好奇心为由去尝试，不受不良诱惑的影响。

（3）不听信毒品能治病，毒品能消除烦恼和痛苦，毒品能给人带来快乐等各种花言巧语。

（4）不结交有吸毒、贩毒行为的人。如发现亲朋好友有吸毒、贩毒行为，一要劝阻，二要远离，三要报告公安机关。

（5）养成良好的行为习惯，杜绝吸烟、饮酒等不良嗜好，不涉足青少年不宜进入的场所，决不吸食摇头丸、K 粉等兴奋剂。

（6）即使自己在不知情的情况下被诱骗吸毒，也要珍惜自己的生命，坚决不再吸第二次。

（四）宣读"倡议"，远离毒品

师：这节课上，同学们学到了许多禁毒知识，了解了毒品，增强了防范意识，大家都想参与到禁毒的教育中去，下面我们请班长带领大家宣读《珍爱生命，拒绝毒品倡议书》。

全体同学一起宣读《珍爱生命，拒绝毒品倡议书》，并举行倡议书签字仪式。

五、活动反思

本次班会课是中小学禁毒教育月的班会课。通过这节课，学生不但加深了对传统毒品的了解，也学习了一些新型毒品的知识，懂得了"珍爱生命，拒绝毒品"的意义，从而自觉远离毒品，增强抵制毒品的意识，从而树立禁毒法律意识，遵纪守法，增强与毒品违法犯罪做斗争的自觉性。

拒绝校园欺凌

青岛交通职业学校　王玉兰

一、活动背景

据统计，我国的校园欺凌问题较为严峻，校园欺凌行为的发生率高。嘲笑讥讽、故意损毁私人财物、故意孤立排斥等校园欺凌行为在青岛也时有发生。青岛市教育安全生产专业委员会在部署 2021 年学校安全工作中专门明确"开展校园欺凌防治专项整治"工作，对各级各类学校贯彻落实山东省教育厅《关于加强校园欺凌防治工作的若干措施》情况进行检查，将校园欺凌防治纳入扫黑除恶、护校安园、平安校园等专项工作，打造共建、共治、共享的校园欺凌治理格局。

在这个大背景下，在学生中开展拒绝校园欺凌活动，提高学生的防范意识，是非常有必要的。

二、活动目标

通过活动，让学生知道什么是校园欺凌，了解校园欺凌产生的原因，认清校园欺凌带来的负面影响；掌握应对校园欺凌的正确方法，从而提高防校园欺凌能力,进而学会保护自己。

三、活动准备

了解什么是校园欺凌,校园欺凌产生的原因及带来的负面影响;师生搜集整理一些校园欺凌事件。

四、活动过程

(一)认识校园欺凌

有这样的现象:有些同学在遭遇校园欺凌、生命安全受到威胁时却全然不知,以为校园欺凌仅仅是不礼貌行为;另一些同学在目睹校园欺凌时也无动于衷,以为只是同学间的"嬉闹"。

什么是校园欺凌?有哪些表现方式?引导学生说一说,然后教师进行简单的归纳,引出校园欺凌的概念。

校园欺凌是发生在校园内外、以学生为参与主体的一种攻击性行为,它既包括直接欺凌,也包括间接欺凌。

直接欺凌是指采用公然、明显的方式进行欺凌。直接欺凌包括直接身体欺凌和直接言语欺凌等类型。其中,直接身体欺凌包括打、踢、抓咬、推搡、勒索、抢夺和破坏物品等身体动作行为;直接言语欺凌包括辱骂、讥讽、嘲弄、挖苦、起外号等言语行为。间接欺凌是指以较不易被发现的方式进行欺凌,通常借助第三方进行欺凌。

间接欺凌包括关系欺凌、网络欺凌等类型。其中,关系欺凌包括传播谣言、社会孤立等;网络欺凌包括歧视性的短信和电子邮件等。

(二)校园欺凌产生的原因

学生讨论:为什么会有校园欺凌呢?产生的原因有哪些?

教师总结:校园欺凌的产生原因比较复杂,受多方面的影响。有家庭原因,有社会因素,也与教育工作者和学校管理有关。调查中发现,仅从施暴者自身来看,主要原因有以下几个方面:第一,学习压力大,无法通过正常渠道排解;第二,心理不健康,精神空虚;第三,传媒渲染(网络、电视、电影、广播、报刊等),社会暴力文化的影响。

(三)校园欺凌带来的危害

同学列举一些校园欺凌的事件,小组讨论交流校园欺凌带来的危害。

教师总结：校园欺凌在很多人的心里留下很深的烙印。这种不良影响，不仅仅体现在受害者身上，也在施暴者的心灵成长和社会前途中增添了大量的阻力。对于施暴者而言，给他人带来伤害，要承担治疗和赔偿费用；要受到学校批评教育或处分，甚至无法继续完成学业，最终走上犯罪道路。对于受害者而言，会带来肉体损伤甚至残疾；易造成性格懦弱、自卑，缺乏信心和勇气；造成心灵阴影和伤害；厌学甚至辍学。

（四）如何预防校园欺凌

学生讨论：如果遭遇校园欺凌该怎么应对？

总结应对办法：

1. 养成善于观察的好习惯。多留意身边发生的事，很多暴力事件的信息可以从同学间的交流中得到。可以通过电子邮件的形式匿名报告。

2. 要敢于抗争。在遭遇校园欺凌时不害怕，要敢于抗争。但是要注意避免激发对方暴力升级，以免吃眼前亏。

3. 要及时报告。在遭遇校园欺凌后要及时向学校老师、家长报告。当他人遭遇校园欺凌需要帮助时，在确保自己安全的情况下，尽自己所能及时伸出援助之手。

4. 要搞好人际关系，强化自我保护意识。一个有广泛、良好人际关系的学生，就不容易成为校园欺凌的对象。

5. 要慎重择友。鼓励多交品德好的朋友，多交"益友"，不交"损友"。

（五）活动小结

拒绝校园欺凌。希望同学们不看有暴力画面的影视剧，不读有暴力情节的书刊，不玩有暴力色彩的游戏，不做有暴力倾向的人，互相帮助、互相谅解、互相包容，做个健康阳光的学生。

五、活动反思

通过开展拒绝校园欺凌主题班会，让学生能够明白什么是校园欺凌，能认清校园欺凌带来的负面影响和危害，能够养成在遭遇校园欺凌后及时向老师、家长汇报的意识，不欺凌同学，互帮互助，能够维护校园正义，拒绝校园欺凌事件的发生。

劳动创造未来

青岛交通职业学校　王晓慧

一、活动背景

从身体力行的劳动中获取经验与知识是人类文明起源和发展的主要方式。大到创造力的发掘，小到生活常识的积累，都离不开劳动实践。然而，现在不少青少年仍然缺乏劳动意识与劳动知识，不想劳动、不会劳动、不珍惜劳动成果的现象并不鲜见。劳动教育不能止于课堂，"纸上得来终觉浅，绝知此事要躬行"，劳动教育不仅是教会学生简单的洗衣做饭、打扫卫生，也要教育他们对知识躬身修行。在五一劳动节假期即将到来之时，特别安排此次劳动教育，让学生在假期前感受劳动的意义，在假期时实践劳动，在假期后分享总结劳动感悟。

二、活动目的

深刻认识到劳动的意义，树立正确的劳动价值观，培养劳动兴趣和劳动习惯，增强自觉劳动意识，提升劳动技能，体会劳动的快乐和幸福感，提高劳动责任感，挖掘工匠精神。

三、活动准备

搜集资料，学习劳动知识，了解劳模故事；邀请劳模进校园与同学们进行交流互动，学生策划采访活动，教师辅助联络邀请，做好摄影、记录等活动准备；布置劳动节居家活动，设置班级群展示方式；组织人和路社区劳动志愿活动，提前联系社区负责人，做好分组活动安排，准备好相应的劳动工具，做好摄影、记录等活动准备；规划班会环节，培养主持人，教师辅助学生写主持稿。

四、活动过程

（一）导入

五一劳动节马上到了，说到"劳动节"同学们最先想到的是什么？很多人脱口而出的是"放假"，那你喜欢"劳动"吗？知道"劳动"的含义吗？劳动最光荣！在新时代，劳动不仅局限于体力劳动，还有更丰富的内涵。

（二）劳模宣讲进校园，学习光荣劳动者

有幸邀请到青岛市青联委员陆跃东先生进班与学生互动交流自己作为劳动者的奋斗故事。陆跃东作为青岛国信海天中心建设有限公司 BIM（建筑信息模型）工作负责人，带领团队人员跨专业研究建筑信息模型，回忆曾经奋斗的日日夜夜，连续 72 天的努力找出了 3 000 个错误设计，一个个清楚深刻的数字，竟然在工程前就为公司节省了约一个亿的资金，令大家十分惊叹和佩服。作为公司里一名不可或缺的劳动者，在工作时父母患了重病，他还需要独自承担家庭的重担。在家庭和公司都需要他的时候，他充分发扬了劳动模范精神，立足工作岗位，兢兢业业完成任务，勇挑家庭重担，吃苦耐劳尽孝尽心，他就这么靠毅力两边都坚持下来了，讲到动情之处，他湿了眼眶，哽咽了。陆跃东告诉学生，劳动者是最光荣的，无论是工作、学习还是生活，劳动能创造财富、创造美好生活、实现人生价值，通过自己踏踏实实劳动获得的成果才最实在。陆跃东鼓励学生要养成劳动的好习惯，从在家里自觉参与家务活开始，在学校、社会中积极参与劳动活动，再到未来工作中踏实劳动，争做大国工匠，成就职业梦想。

（三）居家劳动大比拼，炫技展示激潜能

劳动教育是真正的生活教育，学生在劳动中可以开发潜能、感知生活、热爱生活。五一劳动节假期中，同学们在家中激发潜能展示自己的各种劳动技能，纷纷将照片发到班级群中展示比拼。有的同学搞起专业清洁，有的开火做饭，有的制作花馍……同学们争做居家小能手，劳动积极性让家长十分感动。

（四）专业技术劳动，探索工匠精神

作为汽车运用与维修专业的班级，本专业的技能永不能忘，同学们假期里给自家亲戚的爱车进行了基础的美容、保养和检查，既帮忙节省了费用，又守护了亲戚的安全，实践磨炼专业技能，劳动探索工匠精神。

（五）假期之后回校总结，走进社区奉献爱心

假期之后通过班会时间同学们进行劳动节活动感悟分享，表达自己参与家务劳动和专业技术劳动的感受，总结劳动带来的收获。然后，组织同学们走进学校旁边的青岛人和路社区进行志愿服务活动，将劳动精神传递出去，服务社会、奉献社会。同学们结合社区的需要分组进行劳动，清洁宣传栏、更换宣传材料、拾捡树丛中的杂物。有的同学被尘土迷了眼睛也不抱怨，有的同学因为卫生工具有限直接上手捡垃圾，不管多脏多乱，同学们依旧保持一颗热爱劳动、志愿奉献的心。

（六）班主任总结

通过劳动同学们可以收获什么？收获了家人的赞扬、劳动的果实、他人的感谢、技能的提高甚至梦想的实现。为了我们的美好未来，我们要树立"以劳动为荣，以好逸恶劳为耻"的劳动观，积极参与劳动活动，通过我们的奋斗，为家庭和社会服务，争做有责任感的好公民。

（七）延伸与拓展

评选班级"劳动之星"，激发学生劳动积极性，让"劳动光荣"观念扎根心中；动手制作宣传材料，装饰班级文化墙壁，赞扬劳动精神。

五、活动反思

本次活动通过劳模故事启发、家庭劳动实践、专业技术实施到志愿服务，让学生亲身体验劳动的成果，收获劳动的果实，从而增强劳动的积极性，感悟劳动的意义，养成劳动的习惯，挖掘自身多种劳动技能。

母亲节感恩活动

青岛交通职业学校　王晓慧

一、活动背景

感恩是一种文化修养，是一种美好品德。拥有一颗感恩的心，首先要感恩父母，孝敬父母，进而才懂得感恩师长、朋友和他人。有些正值青春期的中职学生，懂感恩而不感恩，心里清楚要孝敬父母，却根本不体谅、不了解父母，还会出现与父母闹矛盾等不和谐现象。五月份母亲节即将到来，特此安排母亲节感恩活动，让学生借此机会感恩母亲，进而学会从日常生活的点滴小事中尊重父母、关爱父母。

二、活动目的

让学生懂得理解、体谅父母，学会尊重、感恩父母，能够以实际行动孝敬父母。

三、活动准备

了解母亲的喜好,选择一首适合母亲的歌曲,准备课上分享;同学之间自由组合,回忆与母亲发生的难忘故事,撰写朗诵稿,准备朗诵比赛;精心准备母亲节礼物,动手为母亲做点实际小事感恩母亲,拍照留念,并将过程记录在周记中。

四、活动过程

(一)导入

母亲节马上就要到了,相信同学们都知道要孝敬父母、感恩父母,母亲节要怎么表达对母亲的爱呢?你母亲的生日是什么时候?最喜欢吃什么东西?最想要的母亲节礼物是什么?这些问题同学们能答出准确答案吗?对母亲足够了解吗?作为孩子,我们不能认为父母为我们所付出的一切是理所当然的,要怀有感恩之心。随着我们逐渐长大成熟,我们要尽量不给父母添麻烦,要多为父母分担家庭责任,从生活实事做起,孝敬父母、关爱父母。

(二)话说母亲,分享歌曲

请同学们描述一下自己的母亲,讲述与母亲发生的难忘故事,分享适合母亲的歌曲。同学们在分享的过程中感受母亲的伟大,反思自己对母亲的了解是否深入,平日对母亲的关爱是否到位。同时,通过聆听其他同学与母亲的故事,反思自己。

(三)诵读母爱,朗诵比赛

同学们可以选择独立参与或者合作参与的方式进行朗诵比赛,歌颂伟大的母亲。同学们自己撰写朗诵稿,伴着动人的背景音乐,将浓浓母爱融于文字之中,用心讲述与母亲的故事,用爱歌颂母亲的伟大形象,动情诉说自己对母亲的感恩之心。同学们通过线上投票的形式,评选获胜同学。将朗诵视频分享至家长群,让家长直观感受学生的成长,接收学生的感谢之情。

(四)动手准备,母亲节献礼展示

同学们通过自己的力量,在母亲节的时候向母亲表达自己的感恩之情。有的同学为母亲制作了小礼物,有的为母亲下厨做饭,有的给母亲洗脚按摩,同学们通过行动感恩母亲。同学们在班级群中分享自己为母亲做的小事,互相学习,互相赞扬。

（五）母亲节活动感悟分享

同学们通过周记的方式记录了母亲节活动的感悟，记录了从小到大母亲与自己发生的最难忘的故事。教师通过周记评语对学生进行鼓励与引导，让学生保持孝心，从点滴小事做起，尊重父母，学会站在父母的角度考虑问题，体谅父母的艰辛，不提过分要求，关爱父母的身体健康，多与父母交流沟通，多做家务减轻父母的负担。

（六）班主任总结

同学们要怀抱感恩之心，感恩父母也要孝敬父母，从日常点滴小事做起，用行动表示孝心。另外，还要学会感谢帮助过自己的家人、师长、朋友甚至陌生人，也要常伸施恩之手，乐于助人。

（七）延伸与拓展：写一封感谢信

向你最想感谢的人写一封感谢信，真诚表达谢意，可以是父母、家人、老师、朋友甚至陌生人。

五、活动反思

本次活动让同学们树立了正确的孝敬父母的观念，端正了对待父母的态度，学会了体谅父母、理解父母，学着在日常行动中尊重父母、关爱父母，尝试多与父母沟通，进一步了解了父母的喜好。通过此次教育活动，让同学们知感恩、懂感恩、会感恩，怀抱感恩之心，愿做施恩之人。

亲情心中记，感恩在行动

青岛交通职业学校　刘媛媛

一、活动背景

天下父母有谁不爱自己的孩子呢？可为什么那么多的孩子不理解父母的爱？经常有孩子对父母吼叫、责骂，甚至以离家出走、威胁等各种消极的方式恐吓父母。是孩子感受不到父母的那份情，还是父母从小将孩子当成掌中宝呵护、过度照顾，让孩子认为父母付出是天经地义的事情，从而不懂感恩，不知如何才是孝敬？不少孩子觉得父母唠叨、麻烦，埋怨父母不理解自己，却从来不会站在父母的角度去考虑问题,不懂得体谅父母生活的艰辛与劳累,更谈不上去感恩和孝敬父母。在这样的背景下,对学生进行"懂得感恩,学会孝敬"的教育显得尤为迫切。

二、活动目标

(一)知识目标

让学生懂得如何去理解父母、尊敬父母、体谅关心父母、与父母和谐相处。

(二)情感目标

让学生了解父母之爱,体会亲情的无私和伟大,懂得感恩父母。

(三)行为目标

让学生从现在做起,从点滴做起,以实际行动孝敬父母。

三、活动准备

进行学生与父母沟通情况的调查,以及父母现阶段希望孩子做什么的调查;搜集公益广告《FAMILY》,制作相关课件资料。

四、活动过程

(一)视频导入,感知父母恩情

师:我们先来观看中央电视台公益广告《FAMILY》。

故事梗概:F(爸爸)和M(妈妈)在I(孩子)小的时候细心呵护,可孩子慢慢长大,有了自己的主见,不断与爸爸妈妈发生冲突,企图挣脱爸爸妈妈的束缚自由成长,这让爸爸妈妈十分伤心。孩子成年以后,体会到生活的艰辛,才发现爸爸的背早已驼得不成样子,妈妈的身体已臃肿,于是主动承担起家庭的责任,长成参天大树,让年迈的爸爸可以依靠,替年老的妈妈遮挡盛夏的骄阳。"Father and mather I love you"这句话每一个单词的第一个字母便组成了"family"。广告结束时出现了一行字:有家就有责任。

师:看了这个公益广告,你的感受是什么?

学生纷纷表达自己的感受:非常感人,最后的"有家就有责任"最令人感动;孩子在成长的过程中,不断地与父母发生冲突,自己成年后才知道作为父母的艰难,怎么没有早一点认识到呢?

设计意图:通过公益广告《FAMILY》,让学生感悟自我成长中父母的艰难,从而明白自己该如何做,为学会如何感恩父母打下情感基础。

（二）感受亲情,体会父母的爱

师:父母不仅能为我们无私付出,更能无条件地接受我们、包容我们。下面先让我们做两个选择题。

问题1:她青春有活力,美貌如花,瓜子脸、大眼睛、白皮肤,身材曼妙,他非常爱她。不幸的是,一次火灾,她的脸被烧伤,留下了难看的疤痕。你认为他会一如既往地爱她吗?

A. 会。　　　　B. 不会。　　　　C. 也许会。　　　　D. 不好回答。

问题2:他英俊潇洒,受过良好的教育,聪明有修养,还是商界精英,她非常爱他。不幸的是,有一天他破产了,身无分文。你认为她会一如既往地爱他吗?

A. 会。　　　　B. 不会。　　　　C. 也许会。　　　　D. 不好回答。

学生在两个问题的回答上,出现了很多的分歧。学生说,世界之大,各种人都有,所以有各种答案。

师:大家有自己的理解,对于回答也有自己的理由。如果把问题1中的"他"改为"父亲",把问题2中的"她"改为"母亲",你的回答是什么?

学生无一例外地都选择了A,认为父母是不会离弃自己的孩子的,他们的爱是无私的。

师:你们为什么有这样的选择?

生:父母的爱是无私的。(板书:无私父母爱)

设计意图:两个选择,两种意境,让学生自己去思考、评析、感悟父母的爱是没有任何附加条件的,是无私的,从而让学生感悟父母的真挚爱意。

（三）感恩行为,检视我们的回报

师:请同学们填写下列表格。

你的父母知道吗?	为什么会知道?	你知道吗?	为什么不知道?
你的生日?		父母的生日?	
你喜欢吃什么?		父母喜欢吃什么?	
你有什么爱好?		父母有什么爱好?	
……		……	

1. 父母为我们做了什么?

师：这些虽是小事，可点滴中见真情。每一位父母都为我们做了很多事情，到底为我们做了什么？小组内交流一下。组内成员分享、交流，再派代表发言。

师：父母坚持为我们做这些吗？（得到学生肯定的答复）

2. 我们为父母做了什么？

师：我们为父母做了什么？小组内交流一下。

组内成员分享、交流，再派代表发言。

师：我们坚持为父母做这些吗？（得到学生否定的答复）

（板书：父母能为我们坚持做事，我们偶尔为父母做事）

师：看来同学们为父母做的这些，都是偶尔去做的，请同学们回忆一下父母为我们做的点点滴滴，有哪件不是天天如此重复着一直做着呢？那么请大家比较一下，父母为我们付出更多，还是我们为父母付出更多呢？

设计意图：回忆一些日常，把父母和自己为对方做的事进行对比，引导学生自我反思，让学生意识到自己为父母做的远不及父母为自己做的。

（四）付出行动，找到行动的方向

我们可以为父母做什么以表达我们的感恩之心呢？

师：通过对比我们发现，父母为我们做的远比我们为父母做的多，我们可以为父母再做些什么呢？

学生发言：帮忙做家务，为父母洗脚，等等。

师：同学们的回答，可以用为家庭做一些贡献来概括，对吧？那么，你们的父母是这么想的吗？

展示提前做好的家长调查问卷结果，学生小组讨论。

父母现阶段最希望孩子做的事：

帮忙做家务	分担家庭经济压力	努力学习	能贴心交流
16%	2.7%	59.8%	21.5%

学生表示：原来现阶段的大部分父母，并不需要孩子为家庭做多少贡献，而希望孩子努力学习，能心贴心交流。努力学习是我们能够预料到的，心贴心地交流，是没有想到的。看来感恩父母也很简单，努力学习，能与父母心贴心地交流，他们就会非常开心。

（板书：感恩，与父母心贴心交流；孝顺 于点滴中见真情）

设计意图：通过展示真实的调查结果，让学生意识到，在父母的眼中，感恩不是做多大贡献，而是好好学习和心贴心地交流，孝顺是点滴中见真情。让学生明白父母真正的需求，为自己的付出找对方向。

五、活动反思

课堂上，学生体验后产生共鸣，显得异常活跃，精彩语言不断，非常感人。当然，学生由于认识不同，理解有差异，出现了一些不着边、不深刻的言语，需要老师更好地引导。

我爱蓝色国土，争做海洋卫士
—— 青岛艺术学校 2018 级综合育人 1 班参加"航海体验研学活动"

青岛艺术学校　胡秀娟

一、活动背景

国家的兴盛与航海事业密不可分。2005 年 7 月 11 日，是中国伟大航海家郑和下西洋 600 周年纪念日。2005 年 4 月 25 日，经国务院批准，将每年的 7 月 11 日确立为"中国航海日"，作为国家的重要节日固定下来。

二、活动目标

为了宣传普及航海、海洋知识，弘扬海洋文化，增强学生的海防意识，对学生进行爱国主义国防教育，在第十五个中国航海日，组织学生及家长共 60 余人参加了由青岛海洋技师学院海洋学院组织的航海体验活动。

三、活动准备

活动时间：2019 年 7 月 11 日，第十五个中国航海日。
活动场所：青岛海洋技师学院海洋学院。

四、活动过程

碧海蓝天，艳阳高照，学生按捺不住激动的心情，按时相约在青岛海洋技师学院海洋学院。航海大船早已静静地等候着同学们，整装待发，随时准备起航。它要载着学生航海远行，领略大海无比美丽的旖旎风光。

青岛海洋技师学院的丁主任接待了学生。丁主任向同学们介绍了中国航海日的由来,并布置了这次活动的具体参观细节:航海模拟器,3D 模拟船舶驾驶;轮机模拟器,万箱级集装箱船集控室;潜水实训室,休闲潜水、工程潜水教学演示;帆缆实训室,水手节的编打教学;船模实训室,各种船舶模型及海洋动物标本展示。

(一)航海体验,拥抱大海

桅杆上的彩旗,迎风飘展,如同在向我们招手示意,欢迎学生的到来。船缓缓地驶出港湾,在船长娴熟的驾驶下,驶向蔚蓝的大海。在阳光的照耀下,远处的跨海大桥映入眼帘,如同长虹横亘在海面。"上下天光,一碧万顷",明亮而又夺目,让人不禁沉入其中。乘风破浪,碧海蓝天,大家不禁放声歌唱《青岛》……

(二)航海模拟驾驶,感受逼真体验

航海体验过后,同学们还参观了船模和海洋标本,体验了模拟器 3D 模拟驾驶,在虚拟的环境中,获得了在复杂多变的天气情况下最逼真的体验。

(三)水手结编打,增强实战本领

来到帆缆实训室,学习水手结的编打。教官首先强调了水手结在航海中的重要意义,接下来,边打结边给学生讲解方法。一旁倾听的学生,早已跃跃欲试,纷纷拿起绳子。看似简单的绳结,当真正拿在手里时,还真不是那么容易。几个心灵手巧的女生,在教官的耐心指导下,成功地打好了水手结。那份喜悦,绽放在她们青春的脸庞上。

(四)潜水真人秀,学习潜水技能

对于航海员来讲,潜水是必备的技能。潜水实训室里,教官们向学生进行了休闲潜水、工程潜水的教学演示。潜水实验室里老师一一讲解了潜水用具并进行了真人演示。教练员指出,潜水必须具备的三件装备是面镜、呼吸管和蛙鞋。学生认真倾听,熟悉了每个装备的特点和作用。在真人演示环节,赵秀涛同学主动上台,在教练员的辅助下,穿上潜水装备,过了把潜水员的瘾。

(五)海洋知识讲座,丰富海洋知识

在船模实训室,学生在专家的带领下,参观了各种船舶模型及海洋动物标本。聆听了专家的航模知识讲座,学院老师耐心生动的讲解,让学生对船舶有了初步的认知,明白了一些船只的特殊用途。

(六)尾声

美好的时光总是转瞬即逝,活动接近尾声,学生仍然恋恋不舍。学生纷纷表

示，这次航海体验，深深地激励了他们。他们决心回去后认真学习海洋知识，发奋学习文化知识，不断提高自己的业务水平，争取将来用自己的实际行动回报国家，回报社会。

（七）活动感悟

很高兴受到青岛海洋技师学院方邀请，我们家长陪同学生来到该学院参观。

一入学院大门，迎面是干净整洁的学院楼，周边是蔚蓝的大海，大家登上一艘白色大船，船身上有"爱我蓝色国土，发展航母事业"的标语。大船缓缓出行，我们看到了跨海大桥、栈桥、沿海美丽的建筑，令人心旷神怡。伴随孩子们动听的歌声，这些美好的瞬间记录在心间。下了船到了大楼，老师带领我们参观了3D模拟船舶驾驶，了解了船模、潜水装备知识，等等。通过老师认真的讲解，学生与家长都学到了宝贵的知识，收获良多。

我国要进入现代化，大力发展海洋是重要战略之一。600多年前，郑和率领大型船队，横跨亚非拉，与众多国家建立了贸易关系，打开了国门，不但经济上获得了巨大利益，而且在涉外联络上产生了巨大的影响。今天我国倡议共建一带一路，建立国际化的沟通，促进友好国家的发展，有着伟大的历史意义。我们应该学习郑和不畏艰险、勇于开拓、百折不挠的精神，积极传播航海文化，争做海洋保护卫士。

——2018级综合育人1班孟繁虓妈妈

迎着夏季微微的风，在高一的第一个暑假中，我们有幸参加了青岛海洋技师学院举办的航海体验，这是为了纪念郑和下西洋614周年而举办的一次活动。

作为在海边长大的孩子，我却几乎没有坐过船，也没有真正地好好看一看青岛的海，而这次活动给了我机会。在统一集合之后，我们便登上了那艘大船。

船稳稳地前进，凉爽的海风从身旁吹过，海浪拍打着船身，湛蓝的天空和蔚蓝的海洋连成一条线，不时还有几只海鸥掠过。

在体验过航海之后，我们参观了一个模型馆，那里有不少模型，如货船、游轮，有老师为我们一一讲解这些船的构造和用途，让我们对船有了不同的认识。

不过我觉得最为精彩的，是模拟驾驶。我们可以在模拟舱中，非常真实地体验航海。要掌握航向，控制船的走向，真的很不容易，我也真正体会到了船员的辛苦。

随后我们还参观了模拟的控制台，了解了潜水。这次航海体验，让我感受到了航海的魅力、大海的广阔，也让我真切地体验了航海生活的艰辛。让我们向船长船员致敬！向在海上保卫我国海域的军人致敬！

——2018 综合育人 1 班王琼源

今天我们在老师的带领下参观了海洋技师学院，首先我们进行了出海航行这个项目。在船长的指引下，船平稳地在海上航行，同学们欣赏着海上的美丽景色。经过大约半个小时的出海体验，我们安全返航。

之后进行了陆上项目，了解船模的同时还学习了 3D 模拟驾驶，仿佛自己在驾驶着一艘船，十分有趣。在教官的介绍下，我们学习了常用绳结的编织，绳结花样繁多，简单易学。最后老师讲解了潜水装备的使用等，让我们更深入地了解学习了海洋知识。

通过这次研学活动，同学们收获颇丰，在了解海洋技师学院的同时，更让我们有了对海洋知识更多的渴望。

——2018 综合育人 2 班胡俊

今天我们有幸参加了海洋技师学院举办的航海体验活动。

首先我们从码头坐船出航，绕过马蹄礁，看到了跨海大桥，雄伟壮丽的跨海大桥在海平面上变成了一条银白色的线，在白雾中若隐若现。

返航后，我们参观了 3D 模拟船舶驾驶室，并在工作人员的指导下亲自体验。然后参观了帆缆实训室，学习了如何打水手结。

此次活动既有纪念意义，又有实践意义。希望以后能够多参加这种活动，增强团结意识，学习课外知识。

——2018 综合育人 2 班刘婉茹

7 月 11 日是中国航海日，我们参加了由青岛海洋技师学院举办的航海体验活动。走进海洋技师学院的大门，海的味道扑面而来，我的内心无比激动。从小在海边长大的我对大海有着独特的情怀。踏上船后我们上到了最顶层，波澜壮阔的大海一览无余。吹着海风，长发随着风的方向飘动，我静静地站在那里，聆听着海的歌声。平静的海面只有船驶过才会掀起阵阵浪花，同学们一起唱了歌以表达我们对大海、对青岛的无限喜爱。

上岸后，学校的老师带我们参观了模拟器 3D 模拟驾驶室，让我们有切身的体验。我们还学习了常用绳结的编织，学习了打水手结等。看似简单的知识，落实到手上却也是困难的。

那些伟大的航海家要忍受着恶劣的天气和各种苦难，饱受疾病的折磨，甚至在食物不够的时候只能喝污水，拿木屑、牛皮充饥。这些都是我们不曾经历过的，更不明白如何去面对。他们的坚持、信念，让我佩服！

——2018 综合育人 2 班刘婉君

7 月 11 日是中国航海日，也是郑和第一次下西洋的纪念日。为了纪念这个伟大的日子，我们到青岛海洋技师学校参加了航海体验活动。

此次活动让我印象深刻，蔚蓝的海洋、一碧如洗的天空、舒适凉爽的海风，海上的风景简单，却让人流连忘返。

之后，我们了解了船长室的各种设施以及它们的用途。我们还进行了模拟驾驶活动，屏幕里面的景色随着方向盘的转动而改变，但驾驶起来十分困难，让我由衷感叹船长驾驶技术的高超和这一行业的不易。

我们还学习了海上自救索的系法，系法看起来很复杂，但十分快速便捷并且牢固结实。

我们生活在黄海之滨——青岛，学习海洋知识是必要的，此次活动让我们受益匪浅。我们不仅要了解航海知识，还要对海上安全和海洋生态的保护进行宣传，让我们的海洋更加美丽。

——2018 综合育人 2 班潘家宝

守望大海，或波光粼粼，或汹涌澎湃；倾听大海，或温柔细腻，或震撼人心。不再观望，闭上眼睛，用心倾听大海的声音……

作为一名在青岛这个海滨城市长大的孩子，我对大海有着无限的憧憬。这次，在班主任的带领下，我们参加了保护海洋航海体验活动，更加了解了保护海洋的重要性。

在老师的带领下，我们先是在海上巡游了一圈，柔和的海风让人心生亲切，迎着海风，我们一起在船上合唱起有关大海的歌。

之后，我们参观了轮船模型，并且体验了海上航行和潜艇装备，在老师的讲解下，学到了很多知识。

——2018 综合育人 1 班王心怡

五、活动反思

爱国主义是社会主义核心价值观教育的基础。通过海洋主题教育活动，让学生在切身体验中感受祖国的伟大和富强，从而激发学生强烈的爱国主义情感。

身边的榜样

青岛交通职业学校　王晓慧

一、活动背景

中职学生正处于人生的迷茫期,未来的职业规划和人生发展方向需要有人进行正确的引导,心中的榜样或许能够帮助他们坚定奋斗的目标。但是,榜样的力量有多大取决于榜样离我们的距离有多远,那些国际名人、时代楷模的确很令人钦佩,但是有的距离我们遥远。而就在我们身边的榜样,与我们距离近,甚至能够直接认识和交谈,所以这样的榜样就更具有激励引领作用。针对我校汽车专业的高三学生,特别为他们安排了一节主题班会课——“身边的榜样”,让学生寻找自己身边值得学习的榜样。

二、活动目的

了解榜样的定义,通过调查等形式,把学生身边的榜样推荐出来,同时运用榜样的力量,培养学生的正确价值取向和行为准则,激发学生参照身边的榜样发奋学习,为日后的职业发展规划方向。

三、活动准备

搜集资料,查阅榜样的定义;线上投票评选“班级之星”——“品德之星”“劳动之星”“诚信之星”“学习之星”“全能之星”“技能之星”“文艺之星”“体育之星”;以小组为单位查阅资料,小组同学交流讨论选择优秀实习生案例,教师辅助联络,学生策划采访,制作课件,准备课上讲述并分享;规划班会环节,培养主持人,教师辅助学生写主持稿。

四、活动过程

(一)导入

有人曾说,播撒一种思想收获一种行为,播撒一种行为收获一种习惯,播撒一种习惯收获一种性格,播撒一种性格收获一种命运。我说,播撒一种榜样,收获一个奋斗的目标和行进参照。这是一个需要榜样的时代,榜样能带来一种抗拒平庸、励志进取且永不过时的力量。以榜样为精神的皈依、行动的指南,能让人生更积极向上、绚丽多彩。

（二）谈谈榜样的定义

让班中的同学畅所欲言，如榜样需要成绩好、品行好，要乐于助人、无私奉献等。有些人的榜样是汽车专业技能大赛冠军；有些人的榜样是铁骨铮铮、保卫疆土的军人；还有一些人认为那些救死扶伤、急人之所急的白衣天使是真正的榜样。的确，榜样是多方面的，但其实只要是优秀的，值得我们学习的人，都可称为"榜样"。

生活中到处都有榜样，学校、社会以及整个世界都会让我们感动，我们要学习他们的精神、他们的品格。我们要多找别人的优点，多看自己的缺点，不断改正，成为一名合格的中学生。榜样就在身边，不断寻找榜样，向榜样学习，我们就能不断提高自己。

（三）班中的榜样

先邀请几位同学说说他们身边的榜样，围绕品德、学习、特长等方面各抒己见，将榜样的魅力彰显无余。公布课前"班级之星"投票结果并颁布"品德之星""劳动之星""诚信之星""学习之星""全能之星""技能之星""文艺之星""体育之星"奖项。最后请获奖同学谈谈获奖感想。

（四）汽车行业中的榜样分享

以小组为单位分享课下采访的优秀毕业生的榜样故事，介绍这些学长学姐毕业后升学或就业的发展轨迹，讲述他们在就业、创业中的典型故事，分享小组亲身经历采访过程中的体会和感悟。优秀毕业生作为同学们的校友，能够拉近同学们与榜样之间的距离，他们的故事更具有说服力，能够更有针对性地为同学们的专业发展指引奋斗方向，为未来的职业规划方向提供参考，能更深入地激励同学们学习汽车专业技能。

（五）致敬榜样，向榜样学习

伴着悠扬的音乐，请同学们欣赏抒情诗朗诵《心中的榜样》和歌曲《榜样》，将同学们引向了一个更诗情画意的境界。小组讨论职业规划方向，请小组代表简单分享自己的规划，表明自己的奋斗目标。

（六）班主任总结

当我们找不到前进方向的时候，当我们做错事情不知如何是好的时候，当我们找到自身缺点的时候，环顾一下四周，其实榜样就在我们的身边。学习别人的优点,感悟榜样的成长成才之路,我们终会探寻到最适合自己的路,修正自身的不足,成为越来越好的自己。

(七)延伸与拓展

通过本次活动,让学生寻找自己心目中的榜样,给他写一封信表达真情实感;以优秀毕业生的故事为启发,撰写一份符合自身实情的职业生涯规划书。

五、活动反思

本次活动从"榜样"的定义开始,由众人皆知的榜样人物到身边优秀的同学,再到专业相同的优秀毕业生,拓宽学生对榜样的认知,树立学生发现榜样的意识,引导学生寻找适合自己的榜样人物,帮助学生认识自身缺点,指导学生学习榜样进行职业发展规划,让学生在青春迷茫期寻找奋斗方向。

生命至上,终结艾滋,健康平等
—— 青岛艺术学校 2021 级 2 班主题班会侧记

青岛艺术学校　胡秀娟

一、活动目的

2021 年 12 月 1 日是第 34 个"世界艾滋病日",为了促进学生的身心健康,增强学生健康的责任意识,班主任胡老师邀请了校医刘敏大夫和李帅帅大夫,给学生上了一堂以"生命至上,终结艾滋,健庡平等"为主题的别开生面的班会课,学生表现出了极大的学习热情。

二、活动过程

首先,刘敏大夫给大家进行了知识宣井,帮大家认识艾滋,抵御艾滋,关爱艾滋病人。通过大夫讲解,学生了解了艾滋病的传播途径,包括血液传播、母婴传播、性传播。学生还学习了抵御艾滋的方法,比如,不与他人共用针管头,必须注射时,要使用一次性针头;注意血液安全 必须输血时,使用检测合格的血液制品,不非法卖血献血、不吸毒;不要和他人共用可引起血液感染的生活物品,如牙刷、剃须刀、文眉针、针灸针;青少年应洁身自好。

为了增加班会的趣味性，刘大夫采用了游戏的方式，让大家手拉着手，围成一个圈。大家闭上眼睛，刘大夫随机拍了两个学生，暂为艾滋病毒携带者。之后，大家彼此握手，并在握手的同时，病毒携带者在握手的同时勾一下对方的手。以此类推，一连做了三组。通过游戏，大家直观地感受到了艾滋病传播的速度，从而增强了提高自我防御的意识。

最后一环节，校医李大夫和班主任胡老师作为关爱艾滋病患者志愿者，给全班每一位同学粘贴象征"关爱平等"的防艾图标。同学们纷纷表示，也要加入关爱艾滋病患者的行列。

三、活动反思

非常感谢校医通过新颖的授课形式，让学生在参与中了解了艾滋病的相关知识，又通过学生容易接受的游戏方式，增强了学生的健康意识。大家纷纷表示，要树立正确的世界观、人生观、价值观，养成良好的生活习惯，反对歧视艾滋病患者，多些关怀，少些冷漠。

使命在肩，勇于担当

青岛交通职业学校　王玉兰

一、活动背景

《新时代爱国主义教育实施纲要》指出："当前，中国特色社会主义进入新时代，中华民族伟大复兴正处于关键时期。新时代加强爱国主义教育，对于振奋民族精神、凝聚全民族力量，决胜全面建成小康社会，夺取新时代中国特色社会主义伟大胜利，实现中华民族伟大复兴的中国梦，具有重大而深远的意义。"

中职学校的学生，大部分为未成年人，心智尚不成熟，其人生观、价值观、世界观等还未成型，容易受各种不良因素的影响；有些中职生的家长对孩子的教育缺乏科学的态度和方法，以上这些都使得有些中职生思想道德水平不高。对中职生进行爱国主义教育，可以帮助他们厚植家国情怀、树立正确的"三观"、培育责任担当的意识，使他们的精神境界得到升华。

二、活动目标

通过学习最美"逆行者"的先进事迹,对学生进行爱国主义教育,增强学生对国家的认同感。

引导学生将爱国情融于日常学习生活中,做有理想、有本领、有担当的好少年。

三、活动准备

教师搜集整理疫情期间我国应对疫情的各项举措、社会各界的援助等情况(武汉建立方舱医院、火神山和雷神山医院的情况;中国先后向伊拉克、塞尔维亚、柬埔寨、巴基斯坦、老挝、委内瑞拉等多个国家派出抗疫医疗专家团队),做成短视频。

每个学习小组搜集整理一个最让自己感动的最美"逆行者"的先进事迹,并派一名同学代表小组成员讲给大家听。

四、活动过程

(一)导入

同学们,一场突如其来的疫情打乱了我们的生活,但也正是这场疫情,让我们见证了党和政府领导全国人民同舟共济狙击疫情的坚定决心,见证了很多义无反顾、无私奉献在各条战线的最美"逆行者",见证了震撼人心的中国速度、中国力量和中国精神! 下面让我们来共同感受祖国的强大吧。

(二)感受祖国强大

老师播放课前做的短视频,学生观看,感受祖国的强大和政府对人们生命、健康的关注,以及对世界抗击疫情做出的重大贡献。

(三)讲述英雄事迹

疫情期间,一批批"逆行者"挺身而出奔赴抗疫前线,不畏艰难、不计生死、英勇奋战,在抗击疫情中做出了个人重大牺牲和贡献,换来了抗击疫情全国性的胜利! 钟南山、陈薇、张文宏、周国军、童朝晖、徐洪义、刘继星……他们的事迹震撼着千千万万的人。要求每个学习小组派一名同学代表小组成员讲述最让自己感动的最美"逆行者"的先进事迹。

（四）畅谈学习感受

这些现实的题材、英雄人物和感人的故事，尤其是在疫情面前中国人民所表现出的责任与担当，让同学们接受了一场特殊的思想洗礼。组织同学们交流自己真实的学习感受。

交流时，同学们对"逆行者"的自我牺牲和勇于担当表示了感激和敬佩，不少同学认为他们才是我们心中的英雄，他们才是我们应该追的星。

通过今天下午的学习，我看到了大国担当。我看到了在疫情期间，国家做出的种种努力，以及其他各行各业的人都在抗疫。做着共同的事情，大家的目的只有一个，那就是打赢这场抗疫战。武汉加油，中国加油！

——2018 级 8 班刘青林

面对疫情，全国上下众志成城，万众一心，以责任和担当筑起了疫情防控的铜墙铁壁，相信中国阻击新冠疫情最终会取得胜利！

——2018 级 8 班逄增明

今天下午的班会，我感触很深。其中提到的很多的事迹都让我非常感动，就是在这种危难的关头，会有一批特别勇敢的人站出来，不怕病毒的侵害，保卫我们的国家，为这些人点赞！希望大家一起努力早日战胜疫情。

——2018 级 8 班车裕强

在家的这段日子，我们关注着每天的疫情，期待着每天醒来之后能刷到好消息。每一天，我们都在和病毒战斗。在平时，我们可能是陌生人，也可能是朋友，但到了与病毒抗争的战场上，我们每一个人都是战友！

这个冬天一定难熬，但春天总会来到。当春光烂漫时，我们一起走出门，一起游玩，然后一起喊"我们胜利了！"

——2018 级 8 班刘怡苇

感谢那些抗议战士的艰辛付出，感谢那些"逆行者"！他们是真正拥有大爱的人！以后我要以他们为榜样，向他们学习，做一个大爱无私的人。

——2018 级 8 班毕乐乐

在这场疫情防控阻击战中，太多的普通人冲锋在前，他们是真正的英雄，他们让我们看到了中国人民的磅礴力量！

——2018 级 8 班宋雅琪

这些"逆行者"不辞辛苦,冒着被感染的风险坚守在岗位上,他们才是我们应该追的"星",他们就是我们的偶像!

——2018级8班崔艺

有这么一批人,不顾被感染的风险,奔赴一线,战斗在一线。为了节省防护服,他们甚至穿上了成人纸尿裤,一天不喝水,手也被捂得发白,可是却依旧坚持着,是他们保护了我们的安全。谢谢你们,白衣天使!

——2018级8班隋新泽

(五)践行责任担当

引导学生了解这些事、这些人,不仅仅是为了记住、感激和感动,更重要的是让他们成为有理想、有本领、有担当的人。引导学生谈谈作为中职生该怎样爱国。

(六)升华爱国之情

齐诵爱国诗篇《咱们是中国人》,激发学生作为中国人的骄傲和在筑梦的征途上,敢于战天斗地、再创佳绩的骨气。

(七)小结提出期望

同学们,表达感谢的最好方式,就是让自己行动起来,希望我们能像习近平总书记希望的那样,"在艰苦奋斗中砥砺意志品质、在实践中增长工作本领",能够"不畏风雨、勇挑重担,让青春在党和人民最需要的地方绽放绚丽之花"。

(八)课外拓展延伸

引导学生将爱国和责任担当落实到日常生活中,落实到实际行动中。

五、活动反思

国家兴亡,匹夫有责。通过这次爱国主义教育活动,学生增强了爱国主义情怀,并能有意识地将爱国落实到日常生活中,发扬不怕苦、不怕累的优良传统,努力学习,争做有理想、有本领、有担当的好少年。

提升法治意识，维护自身安全

青岛交通职业学校　丁文杰

一、活动背景

我国是一个法治国家，尊法、守法、懂法是每位公民的义务，《民法典》的颁布使公民的切身利益得到保障。近年来，中小学生犯罪案件时有发生，部分中小学生法律意识淡薄，不懂法，更不会用法律武器来保护自己，最终导致悲剧发生。不断加强法治教育学习，提升中小学生的法律意识，提升自我保护能力，显得尤为重要。

二、活动目标

认真学习贯彻习近平法治思想，深入贯彻落实党的十九大和十九届六中全会精神，推动全校师生学习宣传宪法，弘扬宪法精神，维护宪法权威，全面贯彻科学发展观。进一步落实《未成年人保护法》和《预防未成年人犯罪法》，加大中小学法制教育工作力度，采取校内与校外、理论与实践相结合的形式开展法制宣传教育活动；建立健全学校法治教育的长效机制，增强广大师生的法制观念，努力营造安全、稳定、文明、健康的育人环境；使学生掌握法律常识，提高自身法律意识，自觉与违法犯罪行为做斗争，增强抵御犯罪诱惑和自我防范的自觉性。

三、活动准备

通过校园广播、微信公众号等宣传法治教育，营造良好的学法氛围；制订学校法治教育活动实施方案；召开班主任专题会议，布置班级法治教育活动相关事宜；进行法治教育活动总结以及公众号宣传。

四、活动过程

深入开展宪法学习宣传：重点学习宣传习近平新时代中国特色社会主义思想，特别是习近平法治思想；党的十九届六中全会精神；中国共产党成立以来，特别是党的十八大以来党领导人民进行法治建设取得的辉煌成就；社会主义核心价值观；宪法、民法典、教育法、未成年人保护法、预防未成年人犯罪法等相关法律法规。

学习形式：

1. 法治教育升旗仪式。

2. 法治教育主题班会。

3. 开展"宪法晨读"活动。

4. 开展"法官进校园"活动。

5. 开展法治教育手抄报竞赛。

五、活动反思

此次法治教育活动可以让学生增强法治观念，提升法律意识，能够运用法律武器维护自身权益。同时在日常生活当中，学生可以将法律知识应用于实际中，在全校营造争做知法、守法、懂法的文明中学生的良好氛围。下一步需要加强理论实际相结合的教育方式，可以采用与法庭现场连线或者参观庭审现场等方式，让学生身临其境，教育效果会更好。

提升职业素养，争做技能人才

青岛交通职业学校　丁文杰

一、活动背景

积极响应职业教育新政策，以职教大会为契机，努力构建完善现代职教体系，切实办好人民满意教育，坐实"唤醒心灵"德育品牌，提高学生的专业意识，培养学生良好的职业道德，实现心智成长与理想生成有机结合，道德成长与专业发展有机结合，提高学生学习积极性，培养工匠精神，培养合格的公民、高素质劳动者和技术技能人才。

二、活动目标

高一树立职业理想，高二提升职业素养，高三铸造大国工匠，培养学生良好的职业道德，以此落实"一切为学生的就业、创业以及职业生涯持续发展服务"的办学理念。

三、活动准备

召开职业体验活动协调会；制订学校"一二三职业体验系列活动"方案；联系企业参观单位并分配到班级；联系租车公司分配车辆；邀请劳模和青春导师进校园；总结活动材料，形成成果性材料并宣传。

四、活动过程

"一二三职业体验系列活动"和"劳模和青春导师进校园"活动贯穿于学校德育工作的全过程，采取长期教育与阶段教育相结合的形式，学校有计划、有针对性地对不同年级、不同专业的学生进行教育。各班根据专业特点，按照学校活动计划要求，结合班级实际制订班级职业教育计划，利用讲座、参观、座谈、讨论等形式开展丰富多彩的教育活动。

（一）活动流程

1. 准备活动和调研企业

2. 确定方案，落实参观企业

3. 召开各级协调会

召开相关部门协调会，布置准备工作；召开班主任会，传达活动方案。

4. 班级动员

参观前，各班召开职业意识教育主题班会。下发班主任企业调查表、学生企业调查表、文明修身成长档案。

5. 参观企业

第 14 周 12 月 4 日周三下午 1:30 以班级为单位参观企业。

6. 主要调研方向

高一主要了解行业发展、4S 店工作环境、工作流程、工作待遇，感受工作氛围。

高二主要了解岗位设置、岗位所需技能以及企业对员工的要求、企业文化等，为实习做好准备。

高三了解岗位升迁，做好长远发展规划。

7. 召开班会

第 15 周，各班召开"一二三工程"主题班会。结束后，上交教案、PPT、班会视频。

8. 制作黑板报

第 15 周,南校出一期黑板报,北校布置后装饰板,由团委负责。

主题:高一 —— 热爱专业,规划人生;高二 —— 钻研专业,技能立业;高三 —— 献身专业,成就人生。

9. 完成学生文明修身成长档案中关于职业规划的栏目

10. 征文和职业生涯规划比赛

高一各班利用作文课时间在语文老师的指导下完成《我的青春我做主——我的职业理想》(不少于 600 字)征文。活动结束后每班挑选高质量的征文 3 篇(电子稿)和 3 张活动照片参加展评(评比由语文组负责)。

高二、高三各班分析岗位技能要求、企业人才要求,为实习做好准备,每人完成一篇职业生涯规划,每班上报 3 篇优质的职业生涯规划(电子稿)和 3 张活动照片参加展评(评比由德育组负责)。

11. 集体表彰

12 月底召开表彰总结大会,对活动中涌现出的先进集体和个人进行表彰。

12. 第二学期开展"劳模和青春导师进校园"活动

(二)相关要求

1. 各班要注重教育的实效性,要根据本班和本专业的特点和具体情况,制订好实施计划,班主任要做到目的明确,思想发动充分,实施认真,做好如"我的未来我规划""面对严峻就业形势我该做些什么"等题目的大讨论,活动结束做好总结,开好各班主题班会。

2. 参观前,每个同学要在班主任老师的指导下准备 2～3 个自己对未来职业生涯最关心的问题,在参观时提问交流。

五、活动反思

此项活动让不同年级的学生对专业有了大概的了解,同时对提升学生职业素养有很好的促进作用。学生走进企业一线,跟维修技师面对面交流,了解专业技能在实践当中的应用,学习维修师傅良好的职业素养,同时更加坚定了学好专业知识的信念,掌握一门技能,服务社会,回报社会,奉献自己,为岛城汽修行业发展贡献力量。"劳模和青春导师进校园"活动,让学生了解了职业发展规划的重要性,向身边的劳模和技能青春导师学习,在校园生活学习中不断树立职业目标,脚踏实地,敢于拼搏,学习过硬的技能来服务社会,为争做技能型人才而不断奋斗。

体验靶场模拟射击，立志捍卫国家安全

青岛交通职业学校　刘江波

一、活动背景

《中华人民共和国国防教育法》明确规定："高等学校、高级中学和相当于高级中学的学校应当将课堂教学与军事训练相结合，对学生进行国防教育。"

二、活动目的

通过轻武器射击模拟仿真训练，增强学生对轻武器的真实体验感，锻炼射击技能，帮助学生树立国防意识。

三、活动准备

（一）分组

将全班学生分为 5 个小组，每组 8 人，设小组长 1 名。

（二）各小组分配任务、搜集资料

搜集保家卫国、抵御外侮的诗词，轻武器的类型及射击方法，现阶段国际形势，现阶段中国面临的机遇和挑战等资料。

四、活动过程

（一）主题班会

1. 学生主持人宣布："体验靶场模拟射击、立志捍卫国家安全"主题班会现在开始。

2. 播放短视频《南京大屠杀》，让学生感受外敌入侵时国家遭受的苦难，认清落后就要挨打的现实。

3. 学生齐唱电视连续剧《亮剑》主题曲《中国军魂》，感受中国军队的军魂，感受战士们不畏艰辛、视死如归的亮剑精神。

4. 小组代表上台展示保家卫国、抵御外侮的古今名句。林则徐"苟利国家生死以，岂因祸福避趋之"；李贺"男儿何不带吴钩，收取关山五十州"；文天祥"人生自古谁无死，留取丹心照汗青"；王昌龄"但使龙城飞将在，不教胡马度阴山"；

徐锡麟"只解沙场为国死,何须马革裹尸还"。同学们齐读诗句,感受不畏生死、保家卫国、抵御外侮的传统精神。

5. 小组代表上台展示各种轻武器的图片并进行简要介绍。

(1)小组代表介绍国际形势,重点说明中国崛起过程中受到的以美国为首的西方国家的打压,并举例说明美国在中国南海的军事挑衅以及华为受到的打压。通过讲解让学生认识到中国的崛起之路不是一帆风顺的。

(2)小组代表结合习近平总书记的讲话说明中国面临的机遇和挑战。

(3)小组代表列举网络上的不良言论。主持人号召同学们响应国家号召,抵制网络不良言论,传播正能量。

6. 分小组讨论作为社会主义接班人,当代青年学生应该怎么做,并由代表总结发言。

7. 班主任总结发言:中国正面临百年未有之大变局,在这个过程中,会面临前所未有的挑战和机遇。面对以美国为首的西方势力的打压以及军事威胁,中国不想打、不愿打,但也绝不怕打。作为中国社会主义的接班人,同学们必须立足当下、立足现在,好好学习,苦练技能,成为国家建设的栋梁之材,创造自己的出彩人生。

(二)射击模拟仿真训练

射击的第一个环节是教官进行现场指导,教官首先说明轻武器射击模拟仿真训练的意义,教导同学们要增强国防意识,树立保家卫国的意志,掌握必备的射击技能,然后重点讲解射击要领,要把枪托卡在肩窝处,要注意平心静气,瞄准时要三点一线。

终于到了同学们最感兴趣的射击仿真训练环节,他们别提多兴奋了。在教官的指挥下,同学们一组组按顺序上场,趴在地上端起仿真枪,6环、9环、10环,随着一声声报靶声,同学们的热情也达到了顶峰,在这一刻,他们仿佛变成了真正的战士,保卫国家就是他们神圣的使命。

(三)反思过程、思想升华

训练结束以后,同学们意犹未尽。为了进一步加深他们对本次活动的认识,使他们的思想进一步升华,每个同学都写了一份活动感悟。同学们通过这次活动,深刻认识到精通射击技能是多么不容易,必须经过坚持不懈的艰苦训练,对人民子弟兵产生深深的崇敬之情,同时他们也认识到真正的爱国就是要立足本职工作,好好学习、苦练技能,这样才能为国家建设贡献自己的力量。

五、活动反思

本次活动在学生中引起很大的反响，几天过后学生仍然谈论得津津有味，对国际形势也产生了浓厚的兴趣。所以对学生进行思想教育绝对不能泛泛而谈，必须通过学生感兴趣的方式让学生真正地参与进去，只有这样才能达到预期目标。

"维护国家安全，共建和谐社会"主题班会活动

青岛交通职业学校　于瑶

一、活动背景

2015 年 7 月 1 日，第十二届全国人民代表大会常务委员会第十五次会议通过的《中华人民共和国国家安全法》第 14 条规定："每年 4 月 15 日为全民国家安全教育日。"

所谓国家安全，是指国家政权、主权、统一和领土完整、人民福祉、经济社会可持续发展和国家其他重大利益相对处于没有危险和不受内外威胁的状态，以及保障持续安全状态的能力。

二、活动对象

高一年级"3+4"班学生。

三、活动目标

（一）认知目标

了解全民国家安全教育日的设立、发展、内容和意义，明确违反国家安全的行为。

（二）情感目标

通过学习国家安全教育的相关知识，培养学生的爱国情怀，增强学生自觉维护国家安全的意识。

四、活动形式

情景教学，师生活动主题班会。

五、活动准备

以小组为单位,分别查阅国家安全教育日的设立背景、现实意义、公民的法定义务、公民在维护国家安全中有哪些权利,并制作 PPT 课件,准备班会交流;每组根据自己收集的资料设计问答题,准备国家安全知识问答竞赛,准备相关案例;培训班会主持人,确定班会活动环节。

六、活动过程

(一)视频导入

观看总体国家安全观公益宣传片,通过在多种形式下开展的国家安全宣传活动,进一步增强了广大干部群众的国家安全意识和忧患意识,提高了公民组织履行法律责任义务的自觉性,让国家真正被"全民"所知,"全民"所学,营造"国家安全,人人有责"的浓厚社会氛围。国家安全工作应当坚持总体国家安全观,以人民安全为宗旨,以政治安全为根本,以经济安全为基础,以军事、文化、社会安全为保障,筑牢维护国家安全和社会政治稳定的思想基础,以促进国际安全为依托,维护各领域国家安全,构建国家安全体系,走中国特色国家安全道路。

(二)国家安全知多少

1.组织活动

通过课前查阅的资料,以小组为单位介绍国家安全教育日的设立背景——全民国家安全教育日是为了增强全民国家安全意识、维护国家安全而设立的。

中国面临着对外维护国家主权、安全、发展利益,对内维护政治安全和社会稳定的双重压力,各种可以预见和难以预见的风险因素明显增多,非传统领域安全日益凸显。因此,制定一部综合性、全局性、基础性的国家安全法,是应对国家安全新形势的需要。"十三五"规划纲要提出,要深入贯彻总体国家安全观,实施国家安全战略。要制定实施政治、国土、经济、社会、资源、网络等重点领域国家安全政策,保障国家政权主权安全,防范化解经济安全风险,加强国家安全法治建设。

2.现实意义

第一,有利于贯彻落实习近平总书记提出的"总体国家安全观"。公众广泛参与全民国家安全教育日,将获得弘扬总体国家安全观的良好效果。

第二,有利于提高政府和社会公众维护国家安全的法律意识。通过全民国家安全教育日等一系列活动,会让政府和社会公众更加有效地了解国家安全法提出的各项要求,强化责任意识,提高大家维护国家安全的能力。

第三，有利于增强国家安全法普法宣传的效果。设立全民国家安全教育日，是为了更集中地向社会公众传播国家安全方面的知识，便于在短时间内起到良好的效果，让更多的社会公众接触和了解到国家安全方面的法律知识，懂得如何依法履行自身在维护国家安全方面的职责和义务。

国家安全法确立全民国家安全教育日有着重要的实践意义，有利于动员政府和全社会共同参与到维护国家安全的各项工作中来。只有人人参与，人人负责，国家安全才能真正获得巨大的群众基础，也才能有坚实的制度保障。

3. 公民的法定义务

关于社会组织和公民个人在维护国家安全方面的义务，国家安全法做出了相关规定：

（1）要遵守宪法、法律法规关于国家安全的有关规定。

（2）要及时报告危害国家安全活动的线索。

（3）要如实提供所知悉的涉及危害国家安全活动的证据。

（4）要为国家安全工作提供便利条件或者其他协助。

（5）要向国家安全机关、公安机关和有关军事机关提供必要的支持和协助。

（6）要保守所知悉的国家秘密。

（7）法律、行政法规规定的其他义务。

此外，该条还明确规定任何个人和组织不得有危害国家安全的行为，不得向危害国家安全的个人或者组织提供任何资助或者协助。

（三）公民在维护国家安全中有哪些权利

公民和组织支持、协助国家安全工作的行为受法律保护。因支持、协助国家安全工作，本人或者其近亲属的人身安全面临危险的，可以向公安机关、国家安全机关请求予以保护。公安机关、国家安全机关应当会同有关部门依法采取保护措施。

公民和组织因支持、协助国家安全工作导致财产损失的，按照国家有关规定给予补偿；造成人身伤害或者死亡的，按照国家有关规定给予抚恤优待。

公民和组织对国家安全工作有向国家机关提出批评建议的权利，对国家机关及其工作人员在国家安全工作中的违法失职行为有提出申诉、控告和检举的权利。（国家安全机关受理公民和组织举报电话：12339）

（四）案例讨论

一位渔民在南海捕鱼时，打捞出一个奇怪的东西，像是鱼雷。没想到的是，海南省国安厅的工作人员到达现场后,判定这不是真鱼雷,而是一种间谍装置,并立即对其做了信号屏蔽处理,并带回国安部门。

家是最小国,国是千万家。"国泰"方能"民安",国家安全不是遥远的"谍战片",而是与我们每一个人、每一个家庭息息相关、近在咫尺,维护国家安全与每个人的切身利益密切相关,人人都不是局外人、旁观者,而是人人有责,更需人人尽责。

七、布置作业

利用升旗仪式对全校师生宣传国家安全知识。

八、活动反思

高中生可以做些什么呢？高中生应树立国家利益高于一切的观念,自觉维护国家安全。可以通过各种方式为维护国家安全贡献智慧力量,既可以为国家安全工作提供便利和协助,也可以为维护国家安全积极献言建策。

我爱我的祖国,强国有我

—— 青岛艺术学校 2021 级普高 2 班 "我爱我的祖国，强国有我"主题教育活动

青岛艺术学校　胡秀娟

一、活动背景

2021 年 10 月 7 日,为向伟大的祖国 72 周年华诞献礼,青岛艺术学校 2021 级普高 2 班的学生及家长来到中共青岛党史纪念馆,开展了"我爱我的祖国,强国有我"党史教育实践活动。

纪念馆庄严肃穆,大家怀着无比崇敬的心情,走进展厅。进入大门,映入眼帘的便是那一尊主题雕塑《引领》,大家也随即在雕塑前合影留念。馆内有大大小小三间房屋,都是一层矮房,仿佛将人带回了那个岁月。之后,我们依次参观了基本陈列展厅、专题展厅和党史主题公园。

基本陈列展厅主要介绍中国共产党在青岛的发展历史,展示了党组织从 1923 年开始,带领青岛市人民进行革命斗争、建设和改革开放的伟大历程。展厅

在布局上对这个奋斗历程分成了许多阶段，比较突出的是我们不同时代伟大领袖领导下的那段时间。展厅里十分静谧，一幅幅照片、一件件文物、一幕幕场景，很快将我们带入那段峥嵘岁月。大家深深地感叹，革命先烈们抛头颅、洒热血，用他们顽强的毅力和不屈的斗争精神，取得了一个又一个胜利。

历程固然是曲折和艰苦的，但我们中共青岛党组织所取得的成就是令人瞩目的，这让我们不得不为之敬畏、骄傲和自豪。

走出场馆，学生纷纷表示，作为新时代的青年学生，要珍惜这来之不易的幸福生活，更要铭记历史，不忘初心，努力学习，增强本领，用自己奋斗的青春向祖国献礼，请祖国放心，我爱我的祖国，强国有我！

二、家长学生活动感受

作为家长，我们和孩子一起参加了班级组织的实践活动。这个活动非常有意义，为孩子们提供了学习党史、重温红色革命的好机会。作为家长，我们也深受感动和启发。走廊两侧墙壁上的一幅幅图片，记载着无数光荣的烈士为保护我们的祖国，在水深火热中奋力抗争甚至牺牲的场景，那段峥嵘岁月以及对社会主义建设的艰辛探索，记录着我们国家所取得的辉煌成就。作为家长，我们也会牢记使命，不忘初心。

——2021级普高2班邹雨竹妈妈

10月7日，我们来到青岛党史纪念馆学习。走进党史纪念馆，首先映入眼帘的是纪念馆红白相间的建筑群。博物馆内整体灯光昏暗，但是有黄色的灯光点缀，营造出庄严的气氛。墙上呈现着很多位为守卫祖国而壮烈牺牲的烈士照片，他们在祖国的四面八方，他们用自己的血肉之躯和哪怕还有一口气都不肯撤出阵地的顽强意志，守护着一寸寸土地。在他们的努力下，才有了不断富强的国家，我们在经济、政治、文化、军事方面取得了不少成就，对外开放也不断证明我们的祖国在不断变强。我国还采取了乡村振兴战略等方式推动祖国发展，希望我们的祖国能更加繁荣富强。

最后全体同学在纪念馆内著名的标识前合影，也表示着我们的忠心。在今后的生活中，我们要继承革命传统和优良作风，牢记宗旨，坚定信念，做优秀的共产主义接班人。

——2021级普高2班邹雨竹

踩着国庆小长假的尾巴，我们来到了党史纪念馆参观学习，同学们都起了个大早，满怀期待。中共青岛党史纪念馆坐落在青岛市市北区海岸路18号，原是四方机厂职员宿舍，红色的砖墙充满浓郁的德式风情。展厅主要由中共青岛地方支部旧址、基本陈列厅和专题展厅三大部分组成。小小的展厅里却蕴藏着党百年的历史。我们要学习革命先辈不怕困难、顽强拼搏的革命精神。中国革命是在极其困难的条件下开展的，但是广大人民在党的领导下，不畏艰难，团结一致，以百折不挠的革命精神，战胜了难以想象的困难，取得了中国革命的胜利。我们必须学习革命先辈们敢于斗争、敢于胜利的革命精神，始终保持昂扬向上的精神状态，不畏艰难，勇于开拓，善于创新，全面做好改革、发展、稳定的各项工作，在科学社会发展观的指导下，全面、协调、健康发展。今天，面对蓬勃发展的社会主义事业，面对幸福生活，我们要记住这是先烈们用鲜血和生命换来的。作为新时代好少年，我们要以热情、昂扬的精神状态。积极面对学习上的困难，弘扬艰苦奋斗、求真务实的精神，增强责任感和使命感。

——2021级普高2班宋艺诺

今天我们去了中共青岛党史纪念馆。纪念馆利用大量珍贵的历史图片、实物和现代展示的手段，分五部分展示了青岛党组织几代共产党人在艰苦卓绝的峥嵘时代里，前赴后继，不屈不挠的奋斗史。馆中陈列的一段段珍贵的文字、一幅幅泛黄的老照片、一件件承载了历史记忆的文物都让我们对党的艰辛历程有了更加深刻的了解。通过此次参观学习，我们深刻领悟到正是那些不畏艰险、不怕困难、始终坚定党的信仰的先辈，用他们的生命筑起了我们今天来之不易的美好生活。正是他们为了国家和民族勇敢就义的精神，才使我们现代青年得以毫无顾忌地追逐自己的梦想。作为新时代的青年，我们一定要勇于做先锋，勇于追梦，勇于向前，无愧于今天的使命担当，不负明天的伟大梦想！

——2021级普高2班颜伊

走进大门，一排排德式建筑透露着一种庄严，虽不是高墙林立，但给人一种很宁静的感受。走进展馆，大量的文献资料、历史图片仿佛带我回到了充满风雨的红色年代。我们知道青岛是书写党史一个不可磨灭的重要坐标。

1925年2月，著名的四方机厂大罢工揭开了青岛工人运动的序幕，也是青岛党组织成立后领导的第一次政治大罢工。接着有日商纱厂、铃木丝厂、火柴厂等日商工厂近两万人的三次同盟大罢工，掀起了青岛工人运动的第一次高潮。期间，刘少奇同志来青岛指导工人运动。之后，党组织将工作重心转向农村。其间出现了一批又一批为了中国的解放事业抛头颅、洒热血的革命先驱。

——2021级普高2班刘英杰

这天我们来到了党史纪念馆，在纪念馆内有一方红丝砚的复制件，其主人就是青岛党团组织创建人邓铭恩。邓铭恩自 16 岁收到这个砚台后就一直带在身边使用，直到被捕入狱。1931 年 5 月 5 日，邓恩铭在济南被敌人枪杀。这方红丝砚陪伴着邓恩铭夜以继日地伏案工作，更承载着他孜孜不倦的奋斗精神。从 1923 年青岛第一个党组织建立至 1925 年间，除了邓恩铭在青岛为工人运动拼搏，王尽美、李慰农等老一辈革命家也先后在此为革命事业挥洒热血。王尽美在青岛工人运动出现第一次高潮时，不顾病痛的折磨，和邓恩铭一起领导罢工，但因病情恶化病逝；李慰农作为青岛党组织第二任负责人，在邓恩铭被逐出青岛后临危受命，接替邓恩铭领导青岛党的工作和工人罢工斗争。1925 年 7 月，李慰农不幸被捕杀害，他是在青岛牺牲的第一位共产党人……他们为了国家和民族，为了正义和和平，甘愿奉献生命，用行动书写了值得代代传颂的红色故事。这次参观让我更加了解中国历史。

——2021 级普高 2 班韩惠聪

百年弹指一挥间，一百年沧桑巨变。在浩渺的历史长河中，一百年或许太短，但对于中国共产党来说，一百年足以"敢教日月换新天"，让曾经苦难深重的中国旧貌换新颜。

历史已经进入 21 世纪，作为新时代的青少年，我们要不怕苦，不怕累，"嚼得菜根，百事可做"。我们要努力学好文化知识，只有知识才能创造未来。

从我成为少先队员那天起，我就严格要求自己。在日常生活中，同学们遇到困难，我都会尽量帮助。我也积极参加劳动和学校开展的其他活动。我不仅要把课本上的知识学好，还要积累课外知识。为了打好基础，学习中遇到挫折我也从不放弃。在党的激励下，我勇敢前进！

党在召唤，时代在召唤，只要我们发挥青少年的聪明才智，就能乘风破浪，与时代共同进步。让我们团结一致，永远紧跟党的步伐。

——2021 级普高 2 班刘勇强

通过参观各类文物、图片、视频材料，我们学习了中国共产党百年来的奋斗史。百年道路，苦难辉煌。中国共产党从诞生、成长到壮大，历经磨难、终成大业。1927 年大革命失败后，中国革命迅速转入低潮，从 1927 年 3 月到 1928 年上半年，被杀害的共产党人和进步群众就有 31 万人，党员人数从大革命高潮时的近 6 万人锐减到 1 万多人，中国共产党经受着自成立以来最为严峻的考验。1933 年 9 月至 1934 年 10 月，在第五次反"围剿"作战中，由于王明"左"倾教条主义在红军中占据了统治地位,用阵地战代替游击战和运动战,用所谓"正规"战争代替人民战争,使红军完全陷于被动地位,反"围剿"失败,中央红军被迫长征,在湘江战役中,部队指战员和中央机关人员由长征出发时的 8 万多人锐减至 3 万余人,中央红军付出了极为惨重的代价……诸如此类,大大小小的苦难和挫折一直伴随着中国共产党的成长、壮大和成功。口国共产党的奋斗精神如炽热的火炬一直照耀着我们,让我们一次又一次深切感受到星星之火的燎原之势,"她"终于点燃了整个中华大地,鼓舞这方土地上的人民奋勇前行!

——2021 级普高 2 班田浩浩

展厅不大,却浓缩了一个百年。作为新时期的青年,我们应当肩负起建设祖国、保卫祖国的重任,这就要求我们要有过硬的本领,同时要有坚定的立场和正确的思想认识。我们平时不仅要努力学习文化知识,而且要加强身体素质的锻炼,使自己成为一个文武兼备之才。我们还要做到自重、自省、自警、自励,不断地进行批评与自我批评,纠正自己的错误,端正自己的行为,明确自己的目标。最后,我们所做的一切都是为了将我们的社会建设成为民主法制、公平正义、诚信友爱、充满活力、安定有序、人与自然和谐相处的社会。

——2021 级普高 2 班王麟凤

今天是 2021 年 10 月 7 号,是国庆假期的最后一天,我们趁着这个机会一起去了一趟青岛党史纪念馆。参观完之后,我真的非常有感触。

不忘初心跟党走,牢记使命有作为。

参观前,我们在门口进行了庄严的宣誓,这不仅是我们的优良传统,也是我们对党的尊敬。中国共产党在最艰苦、最特殊的时期带领着中国人民前进,我们所有的同学都被党的精神感动了。

我们下定决心要好好学习,茁壮成长,长大以后要为国家和人民做贡献。少年强则国强,加油!

——2021 级普高 2 班林芳宇

今天我们到中共青岛党史纪念馆进行了参观,在这里我们回顾了青岛党组织带领青岛人民争取民族独立和人民解放的峥嵘岁月,一点点走近了青岛共产党人用鲜血与生命诠释的初心,感悟到了他们为党和人民的事业奋斗终生的理想信念和融在血液里的忠诚担当!

这次参观给我们留下了非常深刻的印象。通过参观,我们了解到中共青岛党史纪念馆是弘扬"红船精神"、传播红色文化、进行社会教育的重要阵地,反映了早期中共青岛党组织领导青岛工人运动的全过程，记载着邓恩铭、王尽美、王荷波、李慰农、刘少奇等老一辈无产阶级革命家在青岛的革命足迹，青岛第一个党组织在此成立。在中共青岛党史纪念馆，我们聚精会神地观看了中国共产党在青岛的发展历史以及《根基——党的群众路线教育展览》《伟人的足迹——1979·邓小平在青岛》等展览。

——2021 级普高 2 班王佳仪

三、活动反思

走进党史馆，沿着革命先烈的足迹，重温党史，从而激发学生勿忘历史，珍惜现在，开创未来的信心和决心。此次参观青岛党史纪念馆，让学生深刻领悟到正是那些不畏艰险、不怕困难、始终坚定党的信仰的先辈们，用他们的生命筑起了我们今天来之不易的美好生活。中学生要勿忘昨天的苦难，无愧于今天的使命担当，不负明天的伟大梦想！

心存感恩，回报他人
—— 主题教育活动班会

青岛工贸职业学校　刘忠臣

一、活动背景

现在的学生大多数是独生子女，父母对孩子千般宠爱。然而，不少孩子并没有意识到父母的付出，反而形成了以自我为中心、不尊重父母的个性。个别学生不懂得珍惜来之不易的学习机会，不会与同学友好相处。通过本次感恩主题班会，让学生学会对身边的人心怀感恩。

二、活动目标

（一）知识目标

通过班会，让学生了解感恩，让学生懂得为什么要感恩。

（二）能力目标

通过感恩主题班会教育，让学生懂得应以怎样的方式去感恩。

（三）情感态度与价值观目标

通过主题活动班会案例，让学生明白感恩的重要性，明白应怎样感恩，学会如何感恩。

三、活动准备

班会课件、视频、歌曲、案例图片等。

四、活动过程

（一）引入主题

（播放音乐，让学生通过优美的音乐旋律走进课堂并欣赏他们与父母一起的合照，并直接导入新课）

师："感恩是一种处世哲学，是生活中的大智慧。人生在世，不可能一帆风顺，种种失败、无奈都需要我们勇敢地面对、旷达地处理。这时，是一味埋怨生活，萎靡不振？还是对生活满怀感恩，跌倒了再爬起来？英国作家萨克雷说：'生活就是一面镜子，你笑，它也笑；你哭，它也哭。'你感恩生活，生活将赐予你灿烂的阳光；你不感恩，只知一味地怨天尤人，最终可能一无所有。成功时，感恩的理由固然能找到许多；失败时，不感恩的借口却只需一个。殊不知，失败或不幸时更应该感恩生活。请大家看一段微视频。"

（播放视频《感恩》）

（本环节通过开头学生与父母的合照以及播放的视频作引入，初步引起学生对"感恩"一词的思考，并明确本班会主题）

（二）深入思考主题

师："看了这段视频后，我看到很多同学好像被触动到了，哪位同学能起来分享一下你的感触？"

（请几位学生回答问题）

师："正如几位同学说的一样，人生在世，谁无父母？谁没有沐浴过父母的养育之恩？人从呱呱落地到长大成人，谁能离开父母的呵护、教诲、影响和扶持？子女的一个个足迹，哪一个不印记着父母的深深情谊；子女的一步步成长，哪一步不浸透着父母的殷殷心血？每天，当你背着书包走进学校时，你是否说过感谢？这是父母用他们的辛劳和汗水把你送进了求知的殿堂。父母对子女的感情是人世间最真诚、最无私、最深厚、最崇高的。"

（学生发言后进行归纳总结）

师："我相信咱们同学在日常的生活当中，也一定会有一些父母让你特别感动的事情，哪位同学愿意起来给大家分享一下？"

（请几位学生回答问题）

师："谢谢同学们分享的故事。在人生的成长道路中，父母永远是陪伴你时间最长的人。小时候，父母总是在路上用温暖的大手牵着我们的小手；长大后，父母总是操心我们各方面的问题。在生活中对我们照顾得无微不至，在学习上尽可能帮助我们。"

（学生发言后进行归纳总结）

师："有一个人，她永远在你心最柔软的地方。你愿用自己的一生去爱她，有一种爱，它能让你肆意地索取、享用，却不要你任何的回报。这个人叫'母亲'，这种爱叫'母爱'！"

（学生阅读小故事）

（播放视频《父亲》）

师："父爱如天，粗犷而深远；父爱如河，细长而源源。父亲从来都是不善言表的，未曾说过一句'我爱你'。但越是这样隐忍的爱，越是让人心疼。相信父爱从古至今都是如此。"

（对以上内容进行归纳总结）

师："接下来请同学们在便利贴上写下自己对父母表达感恩的话，然后粘贴在我们的感恩树上吧。"

（学生排队上前依次粘贴便利贴）

师："心存感恩，会让简单的话语充满神奇的力量，让那些琐碎的小事一下子变得无比亲切起来。每一个有爱心的人，都应该是个懂得感恩的人，人生也正因有了爱心、孝心和感恩而精彩起来，生动起来。心存感恩，回报他人。今天的主题班会到此结束。谢谢大家！"

（三）归纳总结

1. 什么是感恩

所谓感恩，就是要记住别人对自己的恩惠，学会报答那些给自己帮助的人。

2. 怎样感恩

我认为我们在生活中要多帮助父母，多体谅老师，那就是感恩。

3.为什么要感恩

感恩是一种品德,是一种生活态度。我们只有学会了感恩,才会快乐,生活中才会有真挚的情感。生活中我们要感恩父母,感恩老师,感恩一切帮助过我们的人。

五、活动反思

通过此次感恩主题班会活动,学生充分了解了感恩的含义,明白了感恩的重要性,也懂得了为什么要感恩、以怎样的方式去感恩。

学会自我关怀,遇见更好的自己

青岛艺术学校 张丽华

一、活动背景

自信是舞台表演的基础,每一个跳舞的孩子都必须自信满满才能撑起舞台的精彩。然而,在一次给自己打分活动中,我发现我们班的同学给自己打的分数特别低,分数在 60 分以下的占了大半。当问起原因,有的说自己不够高,有的说自己太胖了,还有的说自己成绩不好。大家各有各的原因,总结起来就是一句话——对自己不满意,因为对自己不满意而否定自己,不爱惜自己,也因为没有好好地自我经营,导致对自己越来越不自信,我想这样下去对他们的成长是不利的。于是,作为心理老师的我准备针对这个问题在班里召开一次主题班会,主题是"学会自我关怀,遇见更好的自己"。

二、活动目标

通过学习如何自我关怀来提升自我肯定、自我保护的能力,坚定学生自立、自强、自信、自爱的意识和信念。鼓励学生让自己成为自己的大树,为自己遮风挡雨,好好爱自己,善待自己,珍视自己,努力发展自己。

三、活动准备

准备:精美的课件、彩色的信纸、玻璃许愿瓶、彩色便利贴、彩色粉笔、空白的奖状、黑色马克笔若干。

四、活动过程

（一）问题导入

我首先问大家两个问题，请大家如实回答我：如果你的朋友深陷困境，你会如何对待他？如果你自己深陷困境，你会像对待朋友一样对待自己吗？

（学生讨论回答）

班主任总结：日常生活中，当好朋友犯错误或经历失败的时候，你总是能理解他、关怀他，但是我们对自己不像对朋友那样好。当自己深陷困境的时候，往往苛责自己、否定自己。事实上，这样是对自己健康成长不利的。你如何对待一个深陷困境的朋友，就如何对待自己，这就是自我关怀的内涵。甚至当这个朋友犯错、自卑，或者遇到艰难的挑战时，你依然会用善意来对待他。

（二）解读自我关怀

1. 何为自我关怀

自我关怀就是在我们最需要的时候，学着做自己的好朋友——做自己内在的盟友，而非敌人。

2. 自我关怀有何益处

请小组讨论：

（1）接纳自己，喜欢自己。

（2）珍惜时间和生命。

（3）学会积极阳光思考问题。

（4）让人更自信、更友善、更有活力。

（5）让我们更有干劲。

同学们畅所欲言，每个小组派一个代表说说自我关怀的益处，写在黑板上。

班主任总结：既然大家发现自我关怀有这么多好处，那大家愿不愿意在生活中多关心、爱护自己呢？如果你的答案是"愿意"，那么你知道该如何爱自己吗？

3. 如何自我关怀

下面我们将通过活动和体验来感受自我关怀带来的力量。

（1）给自己颁发一个奖状。

我们把很多赞美给了别人，却很少赞美自己，夸夸自己。其实每一天的自己都很棒，请在今天这个特别的日子里，给自己颁发一个奖状，内容自拟，写完可以邀请摄影师小杜为大家拍照留念。大家轮流给自己写奖状内容，并到讲台上和大家分享自己的奖状。

（2）设计一个自我关爱的短句。

设计一个自我关怀的短句，如"余生，请好好爱自己""愿我对自己好一点""我就是我，我很好，我很棒"，写在彩色便签纸上，然后签名，折叠成你喜欢的样子放进玻璃瓶，可以在日常生活中遇到困难的时候默念这些句子，给自己力量。

（3）给自己一个大大的拥抱。

人生不易，好好对待自己。生活很苦，但你要很甜，累了的时候，给自己一个大大的拥抱，对自己说："我好喜欢你呀！"

（4）给自己写一封情书。

用第一人称给自己写一封情书，向自己表达感恩，试着自己欣赏自己，自己关心自己，自己给自己力量。

（5）送自己一份自我关怀清单。

向对待一个亲密朋友那样温柔地对待自己吧，送自己一份自我关怀清单，比如每天早晨喝一杯淡盐水，每天给自己的房间通风，养一盆绿植，每天跑步半小时。按照清单来照顾好自己的身体，给自己的心灵充电。

（6）送自己一份礼物。

爱别人的同时别忘了爱自己，爱自己就送自己一份礼物吧，犒劳一直以来这么努力的自己，犒劳一直以来这么优秀的自己。在放学后为自己精心准备一份礼物，看一部期待已久的电影，买一支好看的花，或者挑一本喜欢的书，给自己的房间买一个心仪的装饰品等，认真地爱自己一次。

4. 正念冥想

冥想主要指导语：愿我善待自己；愿我爱真实的自己；愿我健康；愿我知道自己有归属；愿我被爱包围；愿我生活平静。

每个人给自己一个蝴蝶抱，在心中默念以上句子，让自我关怀的力量充满全身每一个角落。

5. 活动小结

同学们把这节课的收获写下来，与同学交流分享，用相机记录下自己想要记住的瞬间，把自己这节课的决定写进心里。

五、活动反思

一位名人曾经说："对于宇宙，我微不足道；可是，对于我自己，我就是一切。"本次班会活动以自我关怀为切入点，以丰富多彩的体验活动系统有序地展开，在班级的影响是持久的。心理教育不应该是学生心灵的庇护伞，而应该是助人自助的引路人，让学生在学校学会自立、自强、自信、自爱，让自己成为自己的大树，为自己遮风挡雨，这才是最好的结局。愿每一位同学都能好好爱自己。

营造健康心理，呵护学生成长

青岛交通职业学校 王晓慧

一、活动背景

随着越来越多的青少年出现焦虑、抑郁等情绪影响生活和学业，甚至个别发展成为精神疾病威胁生命，青少年的心理健康问题越来越受到重视。《中国儿童发展纲要（2021—2030 年）》强调，促进儿童健康成长，能够为国家可持续发展提供宝贵资源和不竭动力。青少年的心理健康是一个不可忽视的重要问题，关系青少年的健康成长。作为儿童发育到成人转折期的中职生，其心理问题更是复杂多样的，家庭结构、社会舆论、就业发展等问题都影响着他们的心理状态，心理健康对于培养独立健全的人格、自信自强的精神品质、树立理想信念和生活目标至关重要。

二、活动目的

了解心理健康的标准，正确对待心理问题；准确认识自我，能够在出现消极心理问题时选择自我暗示；感受集体的温暖，在出现心理问题时愿意寻求别人的帮助。

三、活动准备

搜集资料，学习心理健康基础知识，小组分工了解生活中的相关案例，制作PPT，准备课上讲解；教师查找适合青少年的心理健康测量工具，安装相应软件，弄清测量结果的评析标准，准备组织学生进行心理健康测量；组织心理拓展活动，规划活动要求，培养组织人，教师辅助学生书写流程稿。

四、活动过程

（一）心理健康知识普及

活动前进行小组分工，请小组代表讲解基础的心理健康知识。结合案例让同学们感受心理的变化对人生的影响,明确青少年心理健康的标准,知道积极心理和消极心理的区分和调整方法,准确认识自我人格特质,正视自己的心理问题。

（二）心理健康测量

选择科学的、适合青少年的心理健康测量表安装在班级多媒体电脑中,组织学生进行心理健康测量。让学生根据自己的近期生活感受快速直观选择自己符合题目的表现程度,最终计算得分,初步判断自己的心理健康水平。提示学生及时进行正确调整,积极进行心理暗示,或寻求老师和同伴的帮助。

（三）心理拓展活动

将班级桌椅整理至两边留出空间供学生进行拓展活动,全班共同参与,在熟悉的教室中进行。

1. **活动一：心有千千结**

全班分成两个十人左右的小组,小组同学围成圆圈,拉起旁边人的手并牢记旁边是谁。听到指令后放开手并在小范围内随意活动,在听到"停"的指令后停止脚步,立在原地,就近成圈。找到原来的左手和右手分别握住的人,在不能松手的前提下解开这个结,可以用钻、跨、绕等方式。此游戏可以让学生感受团队的力量,体会齐心协力及领导与协作的重要性。

2. **活动二：蜈蚣大翻身**

全班同学按照纵队排好,每个同学举起双手,搭在前面人的双肩上组成一条"大蜈蚣",接下来开始蜈蚣大翻身,要求第一位同学依次从第二、三人连接处,第三、四人连接处……一直到队伍最后两位的连接处钻过去;第二位同学、第三位同学……跟随前面的同学依次钻完所有的连接处,直至最后一名同学顺利翻身。一条"大蜈蚣"要快速"蠕动""翻身",不仅需要每个人都有灵敏转动的技巧,还要有全组成员的默契配合。该游戏有利于形成相互理解、相互信任、相互认同、相互学习的团队氛围。

（四）总结感悟

通过前面的学习和活动的参与,请学生分享体验感悟,教师引导学生感受集体的力量与关爱,让学生正确对待身边有心理问题的同学,也能正视自己的心理问题。

（五）班主任总结

每个人在生活中都会不可避免地出现一些消极的心理状态或情绪,我们要及时觉察自己的心理状况，并做出相应的心理暗示和积极调整。当然，我们作为一个集体里的同学，要互相信任和帮助，善于倾听和理解。当身边的同学出现心理问题找你倾诉的时候，我们要给予耐心的帮助；当我们自己出现问题的时候也要相信身边的同学和老师都愿意伸出援助之手，希望我们共同携手成长，度过美好的高中生活。

（六）延伸与拓展

1. 心理视频课堂，助力家庭教育

在家长群中分享心理健康教育视频课，向家长普及心理知识，提高家庭教育能力，引起家长对学生心理状态的关注，正确引导家长处理学生的心理问题。

2. 绘出心里话，家校共携手

大部分的中职生都存在缺乏与家长沟通的现象，同时也存在大量的家庭问题，这些家庭问题是导致学生心理问题的源头。因此，给学生布置任务，将理想中的"家"用绘画的方式展现出来。这种含蓄的表达方式更容易让学生接受，一方面，教师可以借由心理学知识分析学生的家庭状况，加深对学生的了解；另一方面，让家长通过学生的绘画作品感受学生的内心，教师可以有针对性地与家长沟通，家校携手帮助学生应对心理问题。

五、活动反思

本次活动让学生正确对待心理问题，学着尝试自我调整消极心理状态。心理拓展活动让学生充分感受到集体的温暖和强大力量，让学生感受到同伴是值得信任的，当出现心理问题时，鼓励学生寻求同伴和老师、家长的帮助，学会倾诉和信任他人。青少年的心理健康不容忽视，要让学生身心健康地成长，健全人格品格，追求美好生活。

珍爱生命，预防溺水

青岛交通职业学校　丁文杰

一、活动背景

贯彻落实山东省教育厅和市教育局关于做好预防中小学生溺水工作要求，

切实加强预防学生溺水教育和管理工作。坚持"安全第一,预防为主"的方针,进一步完善学校预防溺水工作各项制度,强化安全教育,增强学生的安全意识,提高学生自护和防范能力;加大工作力度,落实各项措施,着力建立预防学生溺水教育和管理的长效机制,确保广大学生生命安全。

二、活动目标

深入开展预防学生溺水安全教育工作 增强学生安全意识和自防、自护、自救的能力;切实做到防溺水教育全覆盖、安全标识全覆盖、安全隐患排查整改全覆盖,在校园内营造良好的预防溺水氛围,杜绝学生溺水事故的发生。

三、活动准备

学校学管处确定预防溺水活动主题并制订活动方案;召开班主任专题会议,部署相关活动注意事项;形成预防学生溺水活动成果展示材料。

四、活动过程

(一)落实安全管理责任

落实工作责任制。要将学生预防溺水教育工作责任落实到每一位领导、每一个年级、每一位教师,明确具体工作责任,做到有措施、有落实。将预防溺水教育覆盖到每一位学生,做到有教育计划,有教育活动,有教育记录,有学生反馈作业。

落实监护人责任。要加强未成年人保护方面的法律法规的宣传,通过家访、在微信群和 QQ 群发布信息、致家长一封信、召开家长会、签订《预防未成年人溺水监护责任承诺书》等措施,将防溺水提醒 引导工作覆盖到每一位学生家长,提醒家长落实家庭教育和法定监护人的责任。

(二)强化预防溺水安全教育

1. 重点贯彻落实"六个一"行动

书写预防溺水《致家长的一封信》、进行一次学生家访、召开一次溺水专题家长会、制作一张家校联系卡、完成一次家长电话回访、签订一份家长责任书,利用全校升旗仪式开展预防溺水活动。

2. 重点要教育孩子做到"六不"

不私自下水游泳;不擅自与他人结伴游泳;不在无家长或教师带领的情况下

游泳；不到无安全设施、无救援人员的水域游泳；不到不熟悉的水域游泳；不熟悉水性的学生不擅自下水施救。

3. 召开防溺水安全教育主题班会

让学生讲述预防溺水安全教育要点，讲述日常生活中存在的易发生溺水的危险地带、水域，让学生自我分析应如何避免溺水现象的发生，通过自我教育增强学生的安全意识。

4. 强化假期、双休日、节日的安全教育

将安全教育延伸到节日、假期，做到学生放假，安全教育和管理工作"不放假"。通过微信家长学生群发布防溺水宣传内容、暑假安全公等，把学校预防学生溺水的要求落实到每一位学生身上；做到节日、假期学生安全工作事事有人管，时时有人管，处处有人管。

5. 强化重点对象的教育

特别关注离异、留守、特异体质、心理问题等群体，要把防溺水安全教育作为重点内容，用事故实例予以警示，使学生知晓擅自游泳、玩水的危害性，让防溺水安全知识深入到每个学生心中。

（三）全面落实安全提醒制度

利用学校电子屏、宣传栏等位置体现预防溺水宣传标语，开辟预防溺水教育宣传栏、宣传橱窗，各班级办预防溺水知识黑板报，营造浓厚的校园预防溺水宣传教育氛围。

坚持每天放学前进行一分钟安全提醒教育，提醒学生不私自下水。让学生时时刻刻把"防溺水安全"牢记在心。周末、节假日等重要节点重点提醒，并向家长发出通知，提醒家长落实教育监管责任。

（四）进一步落实防范工作措施

1. 全面开展学生安全大家访活动

活动要覆盖到每位学生家长。通过致家长一封信、召开家长会、上门家访、电话联系、签订履行责任书等多种方式，将相关法律法规、学生安全教育知识和要求送到家长手上。

2. 建立学生校外节假日逢五逢十报平安制度

各个班级根据学生的居住地情况，成立班级校外安全防护小组，负责统计学生在家安全情况，逢五逢十在班级群报平安。

3.加强对重点人群、重点时段的安全管理

一要加强对上下学途中的安全管理,对上下学经过水域较多的学生,要到家报平安;二要建立请销假登记制度和家长联系制度,要求班主任切实负起安全管理责任,加强在校学生的日常管理。

4.完善落实学校周边协作机制

充分发挥预防中小学溺水工作联席会议制度的作用,积极争取政府和村、社区的支持、重视;建立暑期安全工作对接制度,在放暑假前就假期学生防溺水工作要求和各方职责与所在乡镇、村委会、社区居委会进行一次全面沟通和对接;积极配合有关部门在事故多发地和关键时段进行安全巡查,阻止学生在水域周围逗留,防止溺水事故发生。

五、活动反思

学校开展预防溺水活动较多,学生对于预防溺水防范措施掌握得比较深入,但是个别家长仍然存在侥幸心理,对于假期中学生出门动向不清楚,未及时关注学生回家时间等;部分乡镇、村委会、社区居委会对于溺水风控点未及时进行网格化管理,给学生游玩空间,存在溺水安全隐患。

预防校园欺凌,从你我身边做起

—— 主题教育活动班会

青岛工贸职业学校 刘忠臣

一、活动背景

近日,网络上爆出校园欺凌事件在各地频发,许多学生至今仍受到同班或同校学生的校园欺凌。为了做好预防校园欺凌的工作,我决定在班级召开关于"预防校园欺凌"的主题教育活动。

二、活动目标

(一)知识目标

让学生认识校园欺凌的危害性,分析其产生的原因和危害;自觉抵制校园欺凌现象；学会预防校园欺凌，掌握应对欺凌的方法及技巧。

（二）能力目标

通过校园安全教育，提高学生的自我保护能力。通过课堂讨论与交流，培养学生自主探究、解决问题的能力及合作交流能力，通过此次活动让学生能够正确处理生活中的各种冲突，掌握与校园欺凌做斗争的方法，从而提高防范能力，进而学会保护自己。

（三）情感态度与价值观目标

通过案例，引导学生认识自己的行为，并合理控制与调整自己的情绪。同时增强学生自我保护意识，让学生树立正确的安全道德观念，关注他人的安全，培养学生非欺凌情感及勇敢机智面对校园欺凌的品质。

三、活动准备

班会课件、视频、歌曲、事件案例图片等。

四、活动过程

（一）引入主题

（播放歌曲《校园的早晨》，让学生伴着优美旋律走进课堂并欣赏他们在校园内学习生活的照片，感受校园生活的和谐安宁与美好）

（接下来切入漫画，直接导入新课）

师："校园生活固然是美好的。然而，频频出现的校园暴力却似一双黑色的大手，撕碎了校园的和谐安宁，让多少人的心灵蒙上阴影，又让多少人从此走上不归路！让我们一起走进今天的课堂——'预防校园欺凌，从你我身边做起'，直面暴力现象，寻求解决途径，让青春不再惊恐，让父母不再担忧！"

（本环节通过创设两种截然不同情境的强烈对比，初步激发起学生维护校园和谐、抵制校园暴力的情感，明确本班会主题）

（二）深入思考主题

师："首先请大家看一段微视频。"

（观看《关注校园欺凌现象》微视频，引导学生谈谈自己所看到的内容。现场调查，让学生说说自己在现实中看到的类似的情形）

师："好的，视频看完了，那请同学们回答一下这个视频讲了些什么。看过这个视频,同学们有没有什么想说的,或者看没看见过类似的情况?"

（请几位学生回答问题）

师:"是的,近几年来校园欺凌的事件并不少见。校园欺凌是发生在校园中一些学生以多欺少、以大欺小、以强凌弱的现象。当然大多是由一些同学之间的小矛盾、很平常的琐事引发的。那么接下来请同学们思考几个问题。首先,第一个问题:什么是校园欺凌?你遭遇过校园欺凌吗?请你结合刚才观看的视频以及生活实际回答。第二个问题:大家讨论一下,校园欺凌有什么危害?第三个问题:请同学们想一想,面对校园暴力我们有哪些对策呢?"

（学生回答后进行归纳总结）

（三）归纳总结

1.校园欺凌是什么

校园欺凌是指发生在校园内外的学生之间、学生与其他成员之间的具有欺凌、体罚、伤害等性质的侵害。

2.校园欺凌有什么危害

校园欺凌首先给受害者的身体带来伤害;其次是更为严重的心理上的伤害,使受害者产生不安全感,产生恐惧和焦虑。

3.面对校园暴力我们有哪些对策

（1）不能"怕"字当头。在遇到勒索、敲诈和殴打时不害怕,要敢于抗争。但是要注意避免激发对方暴力升级,导致眼前吃亏。

（2）要及时报告。在遇到勒索、敲诈后要及时向学校、家长报告。

（3）要搞好人际关系,强化自我保护意识。

（4）要慎重择友。多交"益友",不交"损友"。

五、活动反思

在本次主题班会活动中,我利用多媒体平台直观地向学生展示了校园欺凌给受害者带来的伤害及严重后果,向学生讲解了有关校园欺凌、校园暴力的常识,以及哪些行为属于校园欺凌、校园欺凌会造成哪些危害、当我们遭遇校园欺凌时该如何应对等。

通过开展本次主题班会活动,让学生充分认识到校园欺凌和校园暴力的危害性,增强了学生的法制意识和安全意识,让学生远离校园欺凌,为建设平安、和谐校园提供了有力保障。

预防校园欺凌教育·共建平安和谐校园

青岛交通职业学校　丁文杰

一、活动背景

近年来，学生被同学殴打、侮辱等事件时有发生，已成为严重影响未成年人身心健康的社会问题，也成为家长在孩子成长过程中不得不面对的问题。为进一步提高中小学生预防校园欺凌事件的能力，杜绝校园恶性暴力事件的发生，开展预防校园欺凌系列活动显得尤为重要。

二、活动目标

深入贯彻落实《未成年人保护法》《预防未成年人犯罪法》等法律法规，进一步维护青少年合法权益，加大青少年普法宣传教育力度，增强青少年法律意识和自我保护意识，有效防范校园欺凌案件发生。

三、活动准备

通过校园广播、微信公众号等途径宣传预防校园欺凌教育；制订学校预防校园欺凌教育系列活动方案；准备预防校园欺凌宣传教育片；召开班主任主题例会，布置预防校园欺凌主题活动相关事宜；学管处收集整理活动总结，展示活动成果。

四、活动过程

1. 开展"预防校园欺凌教育·共建平安和谐校园"主题班会

各班级根据学校统一要求，充分准备主题班会材料，利用统一班会时间，对学生进行主题教育，从校园欺凌的定义、如何预防校园欺凌、如何维护自身权益等方面进行了细致讲解，全面提升学生自我保护意识，全面进行安全教育，共同维护校园安全。

2. 开展"预防校园欺凌教育·共建平安和谐校园"升旗仪式

利用周一早晨升旗仪式，全校师生共同学习校园欺凌有关知识，倡导全校师生共同抵制校园欺凌现象，共同维护校园安全稳定，提升安全意识。

3. 开展"预防校园欺凌教育·共建平安和谐校园"手抄报比赛活动

各班级根据学校统一安排进行手抄报比赛活动，遴选优秀作品进行张贴展示。提升校园安全文化,陶冶学生安全意识情操。

4. 组织班主任和学生进行青岛安全教育平台授课学习、调查问卷

充分利用青岛市安全教育平台开展"预防校园欺凌教育·共建平安和谐校园"主题授课学习,从理论和案例中提高学生对校园欺凌的重视程度,营造和谐校园环境。

5. 开展"法官进校园"活动

邀请法官进校园,为全校师生开展预防校园欺凌专题讲座。加强法治教育,普及法律知识,使广大学生深入了解法律、尊崇法律,增强法治观念,了解校园欺凌的危害以及校园欺凌活动触犯的法律等。警醒学生在校园内与同学和睦相处,互相尊重,人人守法,共同创建和谐的校园环境。

6. 积极开展心理测评工作

全校统一组织进行心理测评,对心理有问题的学生由心理老师进行干预,及时排解学生心理问题,为校园欺凌防治做好学生思想工作。

7. 学校建立学生校园欺凌投诉信箱

最大限度地保障学生人身权益的自由 坚决查处校园欺凌现象。

五、活动反思

通过开展预防校园欺凌教育系列活动,学生能够充分重视校园欺凌的危害性,并能够利用法律保护自己合法权益不受侵害,能够用合适的方式保护自己避免受到校园欺凌的侵害,同时能够帮助身边的同学避免受到校园欺凌侵害,校园内形成良好的互帮互助学习生活氛围。当发生校园欺凌现象后,学生能够第一时间采取合理的处置方式,及时上报老师,全力维护自身权益不受侵害。通过案例学习,让学生进一步明确校园欺凌的概念,正确区分校园欺凌现象,能够维护校园正义,敢于同校园欺凌现象斗争,拒绝校园暴力事件的发生,共同维护校园的和谐稳定,创造一个良好的校园学习环境。

悦纳自己，欣赏自己的美

青岛交通职业学校　刘媛媛

一、活动背景

青春期的孩子，不管是活泼开朗的，还是内向敏感的，其实潜意识里都深藏着一颗自卑的心，或因对自己容貌的遗憾，或因对自己能力的质疑，或因对自己性格的不满……要想方设法开启学生紧闭的心门，让他们发现原来人人都会对自己不满意，正所谓"人无完人"。既然人无完人，那就要学会自我欣赏，放大优点，自我接纳。因此，对学生进行有关自我认识、自我接纳、自我完善等方面的引导是很有必要的。期待通过相关活动，让学生学会正确地认识自我、悦纳自我，从而开发潜能、完善个性，不断塑造强大的内心，快乐成长。

二、活动目标

（一）知识目标

了解积极的自我评价对个人成长的意义和作用，学会客观地认识、评价自己的优缺点，形成比较清晰的自我整体形象。

（二）情感目标

明白每个人都有自己的优缺点，每个人都是独特的，学会欣赏自己、欣赏他人。

（三）能力目标

能在认识自己的长处中欣赏自己，在认识自己的短处中悦纳自我，增强自信，快乐成长。

三、活动准备

问卷星 App，准备图片、白纸、彩笔，制作课件等。

四、活动过程

（一）活动引入，发现独特

师：你跟别人比过吗？都比什么？比的结果怎样？

（学生回答、交流）

师：老师还想你们跟同学比一比,比比你们的脸,请大家拿出镜子,照一照,看一看,跟小组里的同学比一比,自己跟其他同学有什么不同?

生：我的脸比较黑,其他同学都比我白,但我的鼻子比他们都高一些。

生：我的下巴很长,眼睛比他们的都大一些。

生：我的眉毛特别粗,嘴巴也比他们大一些。

引导小结：我们每一个人都是独特的,都是独一无二的。

设计意图：从比较引入,再进行简单的比一比脸有什么不同的活动,让学生比较自己和同学的脸,让学生发现每个人都是独一无二的,为之后的活动做好铺垫。

(二)发现自我,认识自我

1.参与调查,感知自我

师：你是一个怎样的人呢?让我们先来认识一下自己好吗?请同学们诚实地完成下面这张表格。(活动规则:完成"认识自我"表格,在每一项的相应的满意度下打"√",表格空格处可以自己补充)

内容	满意度			
	很满意	较满意	一般	满意
1.当我看到自己的容貌时,我感到				
2.当我看到自己的身高时,我感到				
3.当我想到自己的性格时,我感到				
4.对自己的情绪调节能力,我感到				
5.对自己的人际交往能力,我感到				
6.对自己的_____,我感到				
7.对自己的_____,我感到				
我一共得到	( )个	( )个	( )个	( )个
我最满意的是_____,我最不满意的是_____				
我对自己的总体评价是_____				

2.小组交流,表露自我

师：完成表格后,请同学们相互分享,看看你们都是怎么看待自己的。小组同学交流分享:自己最满意的方面;自己最不满意的方面,不满意的原因,希望得到什么样的帮助。

3.全班分享,发现自我

老师：哪一个同学能代表小组进行交流和汇报,跟同学们分享一下你们小组有什么发现？

小组一：我们小组发现，原来大家对自己不满意的地方都比满意的多。

小组二：我们自己不满意的地方，在同学看来，反而是比较满意的。

小组三：我们发现自己的不足总是多一些，说明我们对自己都不够好。

小组四：大家对自己不自信，每个人都有不足的地方。

师：对！人无完人。那么面对不完美的自己应该怎么办呢？

学生纷纷表示，要对自己好一些，自信一些。

引导小结：认识自我，悦纳自己。（板书）

（三）无"完美"的人，感悟接纳

播放视频《世界上"最丑"的女人——丽兹·维拉斯奎兹》。

丽兹·维拉斯奎兹一出生就患有一种罕见的先天性综合征，所以身上基本没有脂肪，1米58的个子，只有26公斤。瘦得只剩一把骨头，好像风一吹就会散掉，被称作全世界"最丑"的女人。

面对人们的流言蜚语和对她外貌的恶意评论，她决定微笑面对。她开始建立自己的网络视频频道，让人们知道世界"最丑"的女人的真正人生，她告诉人们对自己的外貌要有自信，她的频道订阅人数超过30万。此外，她以自身经历，致力于拓展反欺凌工作，不仅通过到处演讲激励别人，还游说美国国会议员通过了首项反欺凌法案。她还以此罕见经历著书，在TED上发表了演讲：《一颗勇敢的心：丽兹·维拉斯奎兹的故事》。

丽兹的经历被拍成纪录片《勇敢的心：维拉斯克兹的故事》。"为了让更多人了解我的故事，我决定拍下这部纪录片，在网上与其他被欺凌者互勉，教他们重拾自信，"丽兹说道，"我希望我的经历能影响更多人，希望他们走出影院后，能真正感受到自我，为自己代言。"

师：看到这里，你想说什么？

生：太震撼了，丽兹坦然接受自己的缺陷，很乐观地看待自己所拥有的东西。

生：并且她能发现自己身上的优点，这也是接纳自我。

生：她身体这样都能写书、演讲、拍电影，我想丽兹肯定是付出了很大的努力才得以成功。

引导小结：爱护自己，接纳自己。（板书：爱护自己）

（四）悦纳自己，快乐成长

1. 互写优点，挂优点树

师：你面前有一棵优点树，请大家把自己的优点贴在果实上面，也给同桌写一个他自己没有发现的优点。

引导小结：每个人身上都蕴藏着巨大的宝藏，里面藏着我们的优势和潜能。我们没有理由不喜欢自己。（板书：没有理由不喜欢自己）

2. 名言赠送，殷殷期望

师：在这里，坐在我们教室里的每个人都是独一无二的，老师希望每个人都欣然地接受自己，欣赏自己的独特的美。

五、活动反思

这堂课上，我看到学生从上课初的小心翼翼，到课中的会心微笑，到下课时的满脸阳光，说明学生的内心真的被打动了。

丽兹·维拉斯奎兹的事迹在带给学生震撼的同时，真正地解开了学生的心结，让他们懂得如何接纳自己，如何发现自己的优点。

筑牢校园防护墙，争做禁毒防毒宣传员

青岛交通职业学校 王晓慧

一、活动背景

毒品问题是当今世界面临的严重社会问题，它不仅危害人体健康，还会破坏经济的持续发展，给人类的生存和发展带来了极大的威胁。青少年是祖国的未来、民族的希望，而单纯的青少年对当下经过伪装的新型毒品难以分辨，容易被不法分子诱骗走入吸毒道路。有效遏止青少年吸毒已成为当务之急，禁毒已成为全社会刻不容缓的共同责任。为认真贯彻实施《中华人民共和国禁毒法》，筑牢校园防范新型毒品的防护墙，特别安排此次禁毒教育活动。

二、活动目的

让学生深刻认识到毒品的危害性，增强学生的禁毒意识，提升对新型毒品的防范能力，树立坚决抵制、杜绝毒品的观念。在今后的生活中，不仅自己要远离毒品，还要向身边的家人及朋友宣传禁毒防毒知识，争做拒毒防毒的宣传员。

三、活动准备

搜集资料，学习禁毒知识，了解相关法律法规，准备毒品知识竞赛题目；了解新型毒品的形式和种类，以小组为单位制作 PPT，选择常见的、不易辨别的新型毒品，准备课上讲解；查找本地禁毒教育基地，学生策划参观活动，教师辅助联络沟通，做好摄影、记录、制作宣传横幅等活动准备；规划班会环节，培养主持人，教师辅助学生书写主持稿。

四、活动过程

（一）导入

青春是什么颜色的？绿色、蓝色、红色、橙色……青春多彩多姿。而隐藏在暗处的新型毒品却改头换面、乔装打扮成"潮牌饮料""网红食品"。你也许是因为好奇，尝试喝了陌生人给的"饮料"；也许是出于攀比、从众心理，吃了"朋友"推荐的"零食"……戴着面具的毒贩伸出魔爪，单纯的孩子们难以分辨伪装，这恰恰给了毒贩可乘之机。为了我们的身体健康，为了我们的美好未来，为了让青春在阳光下更加绚丽多彩，我们要努力学习禁毒知识，坚决抵制毒品诱惑，珍惜韶华，不负青春。

（二）禁毒教育基地参观学习

带领同学们到提前联系好的青岛市青少年东仲社区禁毒教育基地进行参观学习，营造一次触动心灵的禁毒教育之旅。首先，观看禁毒宣传教育片《回家的路》，认识毒品的严重危害。随后，禁毒基地的高老师带领同学们参观了禁毒基地的宣传展板，介绍了中国禁毒史、禁毒概况、毒品种类等知识，以及在生活中如何识别、防范、拒绝和抵制毒品，引导同学们提高拒毒防毒的自觉性。然后，带领同学们参观了禁毒教育基地展厅，玻璃展柜中毒品实物模型和四周吸毒者的实例将毒品的严重危害性通过图文并茂的形式生动地展示在同学们面前，让同学们深受触动，深刻地认清了毒品的罪恶面目。同学们围着讲解员提出有关毒品的各种疑问，与同伴、老师相互交流禁毒知识。

（三）小组代表讲解新型毒品种类

新型毒品种类繁多、层出不穷。更可怕的是，毒贩将这些新型毒品经过伪装，变成"跳跳糖""奶茶""卡通邮票"和"果冻"，他们盯上了涉世不深的青少年。

小组代表配合课件,讲解新型毒品的模样和危害,提高同学们的辨别能力和防范意识。

(四)毒品知识竞赛

结合课前查阅资料的自学,再加上禁毒教育基地参观活动和小组同学对新型毒品的讲解,组织班级毒品知识竞赛,激发同学们的学习动力。

(五)宣誓

同学们在五星红旗下庄严宣誓:我是中华民族的儿女,不忘耻辱,坚决与毒魔做斗争,珍爱生命,拒绝毒品,保证不吸毒、不贩毒、不制毒、不种毒,积极检举吸贩毒行为,自觉抵御毒品的侵蚀,积极投身于禁毒斗争行列,我将履行禁毒誓言,为国家禁毒事业做出自己应有的贡献。

(六)班主任总结

拒绝毒品任重道远,与之斗争神圣光荣。众所周知,吸食毒品不仅会摧残人的肌体健康,还会扭曲人的精神意志。一旦沾上毒品就会丧失前途,葬送健康,祸及家庭、社会乃至国家。不知有多少人因为毒品倾家荡产,甚至走上了犯罪的道路。毒品无情地侵蚀着我们健康的社会风气,吞噬着宝贵的生命,滋生着丑恶的犯罪,威胁和破坏着千家万户的幸福,严重地影响社会的和谐与稳定。希望每位同学都在明媚的阳光下健康成长,在和谐温馨的家庭中幸福生活,让生命之光在和谐社会中大放异彩。

(七)延伸与拓展

1. 观看禁毒电影,书写观后感

同学们利用课余时间观看《毒战》《湄公河行动》《门徒》等禁毒电影,了解缉毒一线警察的危险工作,进一步深刻认识毒品对个人、家庭、社会乃至全世界的严重危害。结合活动感悟书写电影观后感,表达内心感受。

2. 动手制作宣传材料,争做禁毒宣传员

同学们利用自己的特长,创作漫画、手抄报、海报等上传至网络,宣传禁毒知识,普及禁毒法律,为营造全面禁毒的社会氛围尽一份力。

五、活动反思

本次活动形式多样、内容丰富,通过禁毒教育基地的参观让同学们能够切实感受到一个个真实生动的案例,通过认识新型毒品让同学们提高防范意识,增强

识毒、拒毒和防毒的能力，提高自我保护意识，争做禁毒宣传员。让学生从自我保护到影响他人，自觉抵制毒品。

自省常思，修善其身

——随笔反思篇

篇首语

　　我有两把"尺"，一把是量别人长处，一把是量自己不足，只有看到自己的不足或缺点，自身才有驱动力。因为，"累累创伤，是生命给你最好的东西"。

——于漪

　　愿我们都能像于漪老师那样，"一辈子做老师，一辈子学做老师，这绝不是一句空话，我一辈子都在学，不断完善健全自己的人格"。吸取他人之长，反思自己不足。

《静悄悄的革命》读后感

青岛交通职业学校　王玉兰

曾经，我读到过这样一个故事：

清朝时，京城里有个人，拥有一个祖辈传下来的老宅。接连好几年，他发现家里有一件怪事：每逢冬至过后，几间内室的地面都会毫无征兆地塌陷。起初几年，此人每次都差人将凹处填实。可怪事连年不绝。这个人深以为苦，只好将房屋出售。新主人入住后，同样遇到了怪事。他不是将塌陷处填平，而是让人顺着那些凹下去的地方向下深挖。结果，他在每个凹陷处都挖到了几坛银子。后来才发现，每年皇帝都会在冬至这天去天坛祭天，皇家的仪仗队经过时，会震裂年代久远的陶罐，所以就出现了地面凹陷的怪事。

得知此事后，原来的房主懊悔不已，跑去向一个禅师问道。禅师让弟子给他沏了两杯茶：一杯是温水泡的，索然寡味；另一杯是沸水冲的，茶香四溢。禅师对这个人说了这样一番话："两个杯子中的茶叶是一样的铁观音。一杯香浓，因为它遇到了沸水；另一杯中的铁观音就没有这么幸运。你能怪无滋无味的这杯茶中的茶叶吗？那笔原本属于你的财富遇到你时，就像这杯寡淡茶水中的茶叶遇到了温水。也就是说，追本溯源的好奇心和探究未知的慧心对于那几坛白银来说，就是沸水之于茶叶。你自己不是一杯沸水，所以你就失去了生命中的茶香。"

"你自己不是一杯沸水，所以你就失去了生命中的茶香"，作为一名一线教师，我认为，成为每一枚茶叶的沸水，冲泡出醇香可口的生命的茶香，是我们每一个教育工作者应该极力达到的追求。而要达到这种境界，绝不是一蹴而就就能完成的。

下面谈一谈我校和我本人在育人实践方面的一点做法。

一、学会相互倾听

佐藤学说："善于学习的学生通常都是善于倾听的儿童，只爱自己说话而不倾听别人说话的儿童是不可能学得好的。学习，是从身心向他人敞开，接纳异质的、未知的东西开始的，是靠'被动的能动行为'来实现的行为。"

学会相互倾听是课堂教学的首要条件。的确，教师的倾听不仅仅是倾听学生的发言，而是要仔细倾听学生发言中所传递出来的情绪、想法，从而产生情感共鸣。学生的倾听，不仅仅是倾听教师的讲解、指导，倾听同学的发言，而是在倾听的过程中接收隐藏着的心声，从而激起情感的共鸣。因此，很多时候我们需要的往往不是"发言热闹的教室"，而是"用心地互相倾听的教室"。构成互相倾听的教室的第一步，是教师自身自始至终地持续专心专意地、郑重其事地听取每个学生的发言的态度，要能做到与学生对话，要去体味对方话语中潜在的复杂想法。就如佐藤学先生所说："在以自然的轻声细语来交往的教室环境里，更能培养自立、合作的学习者。"

师生间、生生间的相互倾听，更有利于于展教学活动。在我们平常的课堂中，学生发言热烈，一个问题出来，学生展开思索、讨论，然后争先恐后地回答。在反馈的过程中，有一部分学生的脑子里装着自己的见解，而没有用心倾听同学的回答，这样的学习就显得片面、欠主动。课堂中的热烈发言固然重要，但倾听是前提。

其实，我的课堂中也存在着同样的问题，学生研究问题或是讨论问题看似激烈，而实际上学生学习的质量不高，收不到最佳效果。我认为教师更要学会倾听，不但要倾听学生的发言资料，更要倾听学乞的情绪与想法，与学生产生共鸣，做学生的最佳听众。对于学生的错误回答，做到不轻易下结论（如回答错误、不当），以免挫伤他们的学习积极性，宜用委婉的语气，因势利导地开导与纠正。同时，让每个学生也学会倾听他人的看法，这样每个学生都能打开心扉，让他们的差异得到关注，使较差的学生也能得到发展与提高。

二、用文化引领成长

文化氛围的创建，是对被教育者心灵的塑造。给学生人文的生命关怀，引领学生学会学习、学会做人、学会生活，学生的心灵能够得到温暖，性情能够得到陶冶，智慧能够得到启迪。

结合本校各种活动，进行人文渗透，让学生感受温暖、感受成长，让班级焕发活力。"做文明守纪中学生""提高自救能力，维护生命安全""爱国——永恒的主题""我爱我班"等主题活动，使学生树立了良好的价值观和人生观；"校园达人秀""诗歌朗诵""我喜爱的电影点评""读书心得交流""篮球联赛""趣味运动会"等给学生带来了快乐，展示了学生的才能，树立了自信心；健全班级制度，让学生共勉共进，开学初始我们共同制订了班训"青春飞扬，永不言弃"，引导学生分析班级实际，确定了大家可以接受的，并对建设班集体有利的班规；赴成达奥达集团参观学习，在与企业负责人、本校实习生、本校优秀员工交流中获取岗位信息，增强学生对本专业的了解和热爱。在与学生共同组织参与这些活动的同时，不仅能使学生感受到教师的关注、鼓励、关爱，还培养、锻炼了学生的能力，增强了学生的自信心，给班级带来了活力，增强了班级的凝聚力。

德育是一门实践性很强的课程，它在注重培养学生思想道德素养的同时，也要求通过教学，使学生懂得理论联系实际，做到"学"与"用"结合，学以致用。我有幸执教中职的德育课，德育课堂与班主任工作有机结合，在进行德育渗透上可谓是得天独厚。为此我设立了"开启充满希望的人生""让职业道德永驻我心""杜绝不良行为""青春拒绝犯罪""交往艺术"等一系列教学专题，学生或辩论，或小组交流，或情景表演，或讲故事……学生深刻感受了各种真实情感，引起了强烈的思想共鸣，从而唤起内心对人生价值、对社会责任的思考，既利于培养学生良好的情感品质，更利于帮助学生树立正确的世界观、人生观和价值观。

三、用榜样感染学生

十多年的职校班主任工作，让我认识了那么多的学生，应当承认大部分学生的道德意识很强，知道哪些是对的，哪些是错的，哪些可以做，哪些不能做。然而，个别学生的行为却与道德认知不符合，家庭教育、学校教育、社会影响都留下了不可磨灭的印记。

怎样才能让学生通过自身的感悟与选择，使良好的价值观念内化为自己的品德呢？我充分利用了身边的有利资源——身边的榜样。历届优秀毕业生的典型事例，催人上进，激发斗志；"劳动之星""纪律之星""公务之星""技能之星""体育之星""诚信之星"等班级十佳的评选，让学生通过对比看到了他人身上的闪光点，有了近在咫尺的学习榜样。

学校历来重视师生工匠精神的培养，近年来持续推进"匠心筑梦砥砺前行"的职业教育周暨劳模工匠进校园活动，先后邀请皮进军、王炳交、刘艺等全国知名劳模进校园开设讲座，取得了良好效果。"请进来走出去"和双导师教学培养模式相结合，发挥劳模工匠的引导、示范和带动作用，将劳模工匠精神融入企业实习、"爱车先锋"职教义工及"现代学徒制"项目中，引导学生树立专业自信，培养精益求精、追求卓越的工匠精神。

总之，《静悄悄的革命》一书有很多可借鉴之处，对于我们教师来说，要保持清醒的头脑，胸怀一颗尊重孩子的心，多一点坚定，多一点信心，多一点实践，多一点思考，从小小的个体开始，进行一场"静悄悄的革命"。

问渠那得清如许，为有源头活水来

—— 读《做个好老师并不难》有感

青岛交通职业学校　丁文杰

《做个好老师并不难》由著名教育工作者李镇西老师主编。全书分为"教有所思""班级管理面面观"和"课堂兵法"三个模块。作为一名青年教师、年轻班主任，我正好利用假期时间给自己充充电。书中既有精彩的教育故事、生动的教育案例、富有启迪的教育智慧，又有可借鉴的教育实战精华。对于一名青年教师来说，这本书对于以后的教育教学工作有很好的引导作用，李老师的教育故事给我们示范了做个好老师并不难，通过读此书我受益匪浅。

我是2014年来到学校工作，第二年我更担任了学校2015级新生的班主任。作为一个新手班主任，我一直困惑该如何才能做好工作，成为学生喜爱的班主任。说实话我的内心是不安的，担心班主任工作做不好，担心会出现这样那样的差错。在同仁的帮助下，班级发展状况良好，也获得了很多荣誉。我一直在寻求好的带班思路和带班理念，争取第二届班级比第一届更好一点，所以我对管理班级也比较感兴趣。书中李老师说，一个优秀的班主任至少应该具备三种"心"："童心""爱心""责任心"。这给我留下了深刻的印象，对我而言，"童心"确实少了些，平常在班级管理上用"童心"来对学生真的不常见。按照李老师的说法，"童心"就是指和学生有共同的爱好，班主任应该善于站在学生的角度看待这个世界。我总是很难融入学生的世界，虽然有时也想和他们亲近些，但又怕自己掌握不好这个度。我还清楚地记得有位老班主任在我刚担任班主任那年对我说："跟学生要有距离感，虽然你年轻，跟学生的年龄差距不大，但跟学生走得太近在管理学生时会很被动。"我记住了这些话，所以经常会摆出一副严肃的模样，给那些所谓的调皮学生讲道理，却收效甚微。如果能像李老师说的那样，用儿童的眼睛去观察，用儿童的耳朵去倾听，用儿童的大脑去思考，用儿童的情感去热爱，站在学生的角度去想一想他们为什么会这么做，他们想得到些什么的话，可能师生间的感情会更融洽，学生也更愿意接受你的教育。这样想来，"童心"对于一个班主任而言确实很重要，虽然比较难，但我会尽量去尝试。这个信息化的时代什么都在更新变化着，中职学生的心理也在随着大数据时代发生着变化，所以一些传统的方法确实有点落伍了，多读一些书不单单是为了更好地管理学生，其实也是在帮自己跟上时代的步伐。

接下来我要说的就是"读书"。李老师说，"读书"，是好老师、名师共同的爱好及良好习惯，也是作为老师不可或缺的行为。周而复始，平凡烦琐的校园生活有时会令我感到迷惘，忙碌却又缺少点味道，也许是幸福感、课堂掌控自如、自我充实、与学生和睦相处的味道吧。好老师要能上好一门课，要多读书，"没有深厚的理论素养和丰富的知识储存，是不能登堂入室、达到高屋建瓴的教学境界的"。著名儿童文学家梅子涵先生曾说："一个希望优秀的人，是应该亲近文学的。亲近文学的方式当然就是阅读。"作为一名老师，我深知阅读对自己的教学、对学生的教育、对学生成长的影响是多么深远，因此我自己喜欢读书，也会用行动带动学生读书。看到李老师说的话自己感到很惭愧，没有深厚的理论素养和丰富的知识储备，怎么能在管理学生和引导学生上有点成就感呢！曾经的一个案例让我印象深刻。那是 2015 年刚担任班主任第二个月，我们班的一些学生作业不认真完成，而且上课的时候总是有那么一两个学生在那儿说话打闹，严重影响了课堂教学秩序。我几次提醒之后，他们依然我行我素。每次我都是忍无可忍，在班里大发雷霆，当着全班同学的面狠狠地批评那些捣乱的学生。但是，发火的作用只能持续很短的时间，几天过后班里那几个学生又开始捣乱，这让我非常有挫败感。现在想想当时我维持课堂秩序的做法简单、粗暴但没有效果。如果这样下去，学生非但不会收敛而且会变本加厉，因为他们在不断地试探我的底线，发现把老师惹急了之后，老师的反应不过就是发一通火而已，不会把他们怎么样。在后面的课堂上，如果有违纪学生，我也会学习李老师的一些好的做法，如课下把他们叫到办公室跟他们心平气和地聊一聊。聊的时候，我会先说说他们的优点，然后再评论他们在课上的所作所为。当我这样做时，学生或许能够听进去我的话，课堂纪律或许比之前好一些，我跟学生的关系或许会变得越来越融洽。就像李老师说的那样，读书能解决很多问题，读书能让你的问题迎刃而解，所以我在这也发出倡议：多读书，读好书。

《做个好老师并不难》这本书给我的感触很多，教育无小事，但需用心经营。习近平总书记曾说："教师重要，就在于教师的工作是塑造灵魂、塑造生命、塑造人的工作。一个人遇到好老师是人生的幸运，一个学校拥有好老师是学校的光荣，一个民族源源不断涌现出一批又一批好老师则是民族的希望。"

爱你,从懂你开始

青岛艺术学校 胡秀娟

德国的哲学家雅斯贝尔斯曾经说:"教育就是一棵树摇动一棵树,一朵云推动一朵云,一个灵魂唤醒另一个灵魂。"作为一名班主任,我没有豪言壮语,没有海誓山盟,有的只是想尽自己的一份微薄之力,走进学生的心灵。我坚信,生命中的每一次相遇,都将是人生中最美好的回忆。感谢我从教以来遇到的每一届学生,他们带给我的是活跃的思维、对知识的渴求、对生活的热情,和他们在一起,我感受到的永远是青春与活力!

学生带着无限的憧憬和希冀从四面八方走来,为了共同的梦想,相聚在一起。从那一刻起,我深深地意识到肩上便多了一份责任和担当,这份责任与担当,来自充满期望的家长,更来自带着无限梦想的学生;从那一刻起,我心里就多了一份牵挂和期盼,这份牵挂和期盼化作无声的关注和陪伴。

班级管理,与其说是管理,不如说是一门艺术。每天不自觉地就会迈开步子,走进教室,这已成为一种生活习惯。走向教室,没有呵斥,更没有监督,有的是默默地陪伴,静静地等待,时时地鼓励,循循善诱,因势利导。文化课成绩不尽人意,我们知道参加高考的艺术生不易,其实参加高考的职业学校的艺术生更不易。一些有着艺术梦想的学生,因为文化课薄弱,面对自己的梦想望而却步,有的产生了自我放弃的想法。但细细一想,也不全是他们的问题,长期以来的不良习惯让他们难以平静下来学习,因此,树立目标,提高学习的主动性成了教学工作的重中之重,如何调动他们的学习积极性成为教育教学中的当务之急。

我们的学生都是十六七岁的年龄,也是最敏感和最要面子的年龄。教师应设身处地地理解学生的各种感情,并把这种理解传达给学生。小铭是一个性格有些内向的学生,不善言谈,每天安静地做着每一件事,但总感觉有什么心事。后来我找到他,和他聊天。从交流中得知,他来艺校完全是零基础,对钢琴、声乐、视唱专业一无所知。他把这份焦虑埋在心里,视唱练耳课上,当老师提问音符的名字和怎么发声时,他连一个简单的音符都不认识,觉得丢尽了脸面。刚入学的一个月,原来怀揣音乐梦想的他一下子陷入了自卑,那时的他每天晚上躲在被窝里偷偷地哭。那一刻,我知道给小铭自信是当务之急。我对他的这份焦虑表示理解,但这并不意味着就没有了希望。我肯定小铭的表现,他最大的优点就是一身正气,有满满的正能量。更重要的是他非常喜欢唱歌,对音乐有着执着的热爱！我鼓励他，零基础不可怕，可怕的是面对自己的弱项停滞不前。我列举了往届跟他有相似经历学生的例子，并约定我和他一起并肩前行。我特意安排了专业素养优秀的同学做他的同桌，共同进步提高。每天的早功，我都会在他的琴房看他练琴，经常了解他的专业情况，对他的每一次进步及时给予鼓励和认可……功夫不负有心人，小铭在自己的努力下，在大家齐心的帮助下，专业能力有了很大的进步，脸上也有了笑容。那个每天闷闷不乐的自卑男生不见了，有的是阳光、自信。在校艺术节、技能大赛的舞台上，他的歌声打动了每一个观众，荣获了声乐表演二等奖的好成绩。

每个学生都有无限的潜力，作为班主任，我关注的不仅仅是他们身上的不足和缺点；更重要的是接纳他们，用心倾听他们内心的声音，通过沟通和交流，发现他们的闪光点；并以此为起点，给他们创造可以发展的平台和空间。欣赏他们，关注他们，信任他们，在他们需要帮助的时候扶他们一把，在取得一点点进步的时候，给予肯定，让他们在成长的过程中享受付出之后的幸福和快乐，从而形成良性循环。对学生进行积极关注，影响、启迪和带动每一个学生，让学生能够在如花的年龄自由绽放，实现自己的梦想！

有的树不结果，但可成大材，考验的是我们的爱心和智慧；有的生命树不结果、不成才，考验的是我们的无私和真爱。嫩绿的小草、茂盛的灌木，其勃勃生机不也在彰显一种生命之果吗？一个孩子，即使不能成为社会的栋梁之材，但他热爱生活、遵纪守法、身心健康、自食其力，这种生命之果不也是父母之所求吗？

教育中处处充满曲径通幽的小径，治班无法，只要我们怀着一颗爱心，用爱为学生撑起一方心灵的天空，相信不久的将来必会百花齐放，硕果累累！

班主任工作三大法宝

青岛交通职业学校　刘江波

从教多年，当班主任已经有 17 个年头了，在班主任工作中有苦有乐。我经常使用的三大法宝是表扬激励、向别人学习、借助外力管理班级。

一、表扬激励

教育家第斯多惠说："教学艺术的本质不在于传授本领，更在于激励、唤醒和鼓励。"如果说教育的第一个名字叫"影响"，那么他的第二个名字便叫"激励"。王中力先生说,一个人在没有受到激励的情况下,他的能力只能发挥到20%～30%,如果受到正确而充分的激励,能力就有可能发挥到80%～90%,甚至更多。我非常喜欢表扬学生,天天表扬,每堂课都表扬。

2014年暑假期间,学校组织了一次非常有意义的拓展活动,在分组活动时我发现小孙同学有较强的组织能力,他的学习成绩也很好。但他平日的表现给别人的感觉是他是最好的,别人都不如他,有些张狂,他也很喜欢别人关注他。针对他的情况我采用了"表扬表扬再表扬,表扬到你不好意思,表扬到你更努力,表扬到你必须比现在做得更好"的方法。因刚建新班,所以我指定他担任纪律委员,在每天晚上的班级总结会上我都会表扬他。在我的数学课上,利用一些机会经常让他发言,之后给予点评和大力的表扬激励,之后也会加上一句"如果对这种题型还有疑问的话,下课请问小孙老师,他必须负责教会大家"。课间经常看到几位同学让他给讲题或和他讨论问题,他的那点小虚荣心得到满足,从他的眉眼里能看到因为老师的表扬、同学的敬佩所流露出的幸福感。一天,在教室里我与小孙及其他几位同学"闲聊"(当然是有意为之),我分析了他高一的成绩,问了他的具体学习情况,并肯定地说:"根据你的能力,你的成绩应该位于级部的前几名。"当时他惊讶地张开嘴巴,我注意到他的眼睛很亮。后来,在上学期的期中考试中他取得了级部第一的好成绩,并且在班级工作的经历中及与同学们的学习交流中变得谦逊起来。

对于表扬、激励我一定会做到及时,对突出的表现我会重复赞美,当众赞美。这样,会增强被赞美学生的荣誉感,对其他学生的示范、引领效果也会更明显。例如,通过观察我发现小董同学早晨到班后马上坐好开始做题,天天如此。观察了一个周后,我注意到他所有的时间都利用得很好。我又专门和他进行了交流,了解到他对每天的学习时间都做了详细的规划。我利用班会的时间把小董同学的时间安排及做法进行了宣传并大力表扬。之后每天早晨看到他在做题时,我就会当场表扬。几天之后我发现其他几个同学也开始安静地做题,并且这个时间段的教室越来越安静,从而也带动了班级的整体学习氛围。老师的表扬及同学们的认可对小董同学来说更是一种动力,他的学习越来越好,最好成绩是班级前三!

二、向别人学习

我经常向身边的同事学习,学习优秀班主任如何管理班级的课堂、自习纪律,如何确立班规,如何在班会中做学生的思想引导等。

例如竞选班委时，我翻看了班级所有学生的材料，发现我班学生任班委的情况不容乐观，有经验的学生不多，我担心竞选班委的学生人数不多、热情不高。想起李镇西先生的方法：以布什为竞选总统而穿着印有"请选我当总统"字样的背心长跑进行宣传、罗马尼亚的中学生参加学校管理为例，教育学生一个人从小就应有自信心、进取心和为公众、为社会尽职献身的精神，这绝不是出风头和骄傲，而是高尚正直和勇敢的体现。我也给我班学生进行了这样的思想引导。

我还说明了竞选班委的条件：你不一定非常有经验，但你必须有献身精神和进取精神，有一颗尽心尽力为班级服务的心，有非常强的责任感。具备了这些，你就会自觉地去组织每一次的班级活动，维持班上的好风气。在这样的动员下，班委的竞选很成功，选出的班委同学们很认可。班长会在发现同学们比较浮躁时，主动召开班会；学习委员每次发完新书，都让同学们认真核对，并把讲台上的纸壳打扫干净；生活委员总会及时地清理更换讲台上的两块抹布；卫生委员在有同学生病时，自己或安排别的同学及时值日。这些小事说明班委很有责任心，在这种环境下，一年来班委的竞选每次都很激烈。

例如确立班规。所谓班规，就是使班级管理由"人治"走向"法治"的制度。它会使学生更好地规范自己的行为，有一个好的班级秩序；它会使班主任的工作更轻松；它会使班委的工作更有力度。在确立班规时我请教了许多位老师，参考他们班规的形成过程和具体内容，并结合自己班级的实际情况加以调整。

三、借助外力管理班级

小王同学的特点是纪律观念很弱，每天总有几节课会迟到；自习课时要么出去接水，要么去厕所，一节自习课出去两三次是经常的事；还有就是不值日、玩手机等。多次和小王单独交流，他总是当面承认错误，但之后没有改变。与其父母当面和电话交流多次，效果不大，小王可以说是一个"顽固不化"的学生。并且在多次谈话中我非常担心他的心理产生更大的逆反，使我的工作陷入一种"山重水复疑无路"的困境。我把小王的情况告诉了学管处主任，他马上说："我给你做工作。"当主任和小王谈完后，小王明显在迟到和自习纪律方面有了很大改变。

作为班主任，我们面对的学生随着时代的进步也不断发生着变化，这就要求我们班主任也要不断地调整工作方法来适应学生。

用心用情用功上好开学第一课

—— 读《班主任微创意》有感

青岛交通职业学校　刘江波

俗话说,良好的开端等于成功的一半。上好开学第一课,不但可以缓解学生的开学焦虑,让他们尽快适应新的学习、生活环境,还能帮助他们扣好人生第一粒扣子,迈好人生的第一个台阶。吴小霞老师的《班主任微创意》有很多奇思妙想,为广大班主任接待新生、做好建班工作提供了很好的思路。

当我们班主任接到一个新班,首先要解决的问题无非有以下几点:消除师生之间以及学生之间的陌生与距离,创造融洽的班级氛围;帮助学生树立长期目标与短期目标,让学生迅速适应新环境、进入学习状态;确立相应的规则,保证学生目标的顺利达成。下面我们一起来看看吴老师的做法。

一、拉近师生关系的三件礼物

第一件礼物:棒棒糖送祝福。开学第一课上,王老师给学生的见面礼就是棒棒糖,以此祝福学生"身体棒""学习棒""人品棒"。"身体棒"就要管住嘴和迈开腿,引导学生养成良好的生活习惯;"学习棒"就要养成认真预习、认真上课、认真做作业、认真复习的好习惯,在学习上向学生提出了自己的殷切期盼;而"人品棒"就要心地善良、行为端正。同学们聆听着老师的谆谆教诲,吃着老师的棒棒糖,师生距离瞬间拉近,为后续的建班工作打好了基础。

第二件礼物:签字笔书写新篇章。成绩与失败都属于过去,来到新的学校一切重新开始,过去的都不重要,重要的是现在如何书写自己的新篇章。这不由得让我想起,每次接到新班我收到的新生名单全都是按照入学成绩排序的。为了不给他们人为地贴上成绩好坏的标签,我都要把名单按照姓氏笔画重新排序,当学生知道这一点的时候他们都非常兴奋,毕竟每个人都不希望刚入学就被当成一个差生看待。

第三件礼物:心灵之声传递灵魂熨帖。在开学第一课的最后,吴老师送出了自己的肺腑之言,她向学生郑重承诺在三年的时间里会用心去陪伴他们,做心灵需要的教育。根据马斯洛的需要层次理论,每个学生都有被尊重的需要,即自我尊重、信心、成就、对他人尊重、被他人尊重。每个老师都要多一些宽容,遇到事情能够站到学生的角度思考。

二、倒金字塔认识法帮助学生迅速融为一体

为了帮助学生快速熟悉，吴老师采取了倒金字塔认识法，让学生迅速融为一体。第一步把全班同学分为9组，每组6人，然后各组用最快的速度互相认识记住名字，时间最少的组获胜。对于这个挑战学生很感兴趣，在活跃的氛围里同学们迅速认识了组内成员。第二步加大难度，全班同学分为6组，每组9人。第三步按学号分为两大组。通过这三步每个同学都迅速认识了大多数同学，他们在新的学校认识了新的朋友，迅速消除了身处陌生环境的焦虑感。

三、职业生涯大规划帮助学生确立新目标

理想如一座灯塔，它指引着在茫茫人生大海中航行的生命之舟，鼓舞我们在航程中搏击波涛，勇往直前，驶向光辉的目标。很多学生最大的问题就在于没有明确的目标，也从来没有规划过将来到底从事什么职业。为了解决这个问题，吴老师分为三步走。第一步设计了职业体验活动，让学生初步了解自己的理想职业到底是什么，自己眼下需要什么知识、特长和经验。第二步规划长期目标。第三步自写期待目标，这种做法非常有创意，她让学生把自己在本学期最想得到的奖项写下来，期末时颁发，看谁能得到自己设置的奖项。这种做法充分照顾到了每个人的特长，让每个人都能得到充分的发展，只要努力最后每个人都能品尝成功的喜悦，这就完全摒弃了以成绩论英雄的弊端。

四、三个约定督促自我成长

最好的管理是自我管理，最好的监督是全员监督。吴老师为学生量身打造了三种管理方式：签订修身契约进行自我管理，每个同学都上台说明自己要达成的目标以及达不到目标的惩罚措施；同伴约定进行互相监督，同学们自行选择同伴，约定互相监督；签订家庭合同，家校合作共同监督。在管理班级的过程中，每个班级都会制订自己的班级公约，但是最后取得的效果却不尽相同，有的效果很好，而有的班级公约却形同虚设。结果不同的原因主要有以下几点：学生是否从心底接受班级公约、违反了公约是否有恰当的惩罚机制、是否具有有效的监督机制。因此我们在制订班级公约的时候，必须从学生自身发展的需要出发，让他们甘愿遵守规定并且在违反的时候愿意接受惩罚，只有这样才能切实发挥班级公约的作用。

在管理班级的过程中，班主任的目标相同、想法也一样，但是采取的措施的

不同,取得的效果也有很大的差别。希望厂大班主任在班级管理过程中,用心用情用功,遇事多思量,走到学生的心中去,采取恰当有效的教育方式。

不负芳华寻初心,无问西东踏歌行

青岛交通职业学校　王玉兰

参加班主任中小学示范班网络培训是提升我自身能力的一次很好的机会,通过参加培训,我开阔了视野,发现了差距,增长了知识,收获颇大,受益匪浅。下面,我就这次培训,简要谈几点体会。

一、成为学习型教师

《学习的革命》一书中指出:"我们的孩子将生活其中的世界正在以比我们的学校快四倍的速度变化着。"教师,需要读书。读书,应该成为教师的一种生活。北宋诗人黄庭坚说:"三日不读书的人面目可憎、俗不可耐。"读书,必须融入教师的日常生活,唯有如此,教师才能以自己的书卷之气去熏陶学生,使学生热爱读书,与书为伴。

马九克老师说:"在任何领域里,研究超过一万个小时,你就是专家;任何东西只要你认真研究,做到极致,都会是你的专长,你就是专家。"

李政涛教授提倡的"专人式的阅读"是一条培植自己根基的捷径,所谓"专人式的阅读",就是集中一段时间专门阅读某一人和他的作品。如果我也能坚持用一段时间,用一年两年甚至三年来研读一位名师,那么我相信一定会在今后的工作中收到奇效。所以今后我必须让自己静下心来,认真读几本书。

二、成为研究型教师

做学问要有三种境界。古今之成大事业、大学问者,必经过三种境界,学术研究也是如此。"昨夜西风凋碧树。独上高楼,望尽天涯路。"(做学问成大事业者,首先要有执着的追求,登高望远,瞰察路径,明确目标与方向,了解事物的概貌)此第一境也。"衣带渐宽终不悔,为伊消得人憔悴。"(比喻成大事业、大学问者,不是轻而易举、随便可得的,必须坚定不移,经过一番辛勤劳动,废寝忘食,孜孜以求,直至人瘦带宽也不后悔。此第二境也。"众里寻他千百度,蓦然回首,那人却在灯火阑珊处。"此第三境也。做学问、成大事业者,要达到第三境界,必须有专注的精神，反复追寻、研究，下足功夫，自然会豁然贯通，有所发现和创造，就能够从必然王国进入自由王国。

于漪老师一辈子学做教师的精神深深震撼了我。她的"一篇课文，三次备课"的原型经验告诉我：只要我们在教学中找到适合学生的教育方式，我们的教育就会有成效，学生就会有收获！如何找到适合学生的教育方式呢？要扎根于学校，尤其是活生生的课堂，做好三个关注（自我经验、同行见解、学生收获）和两个反思（更新理念、改善行为）支架的课堂改革经验，这无一例外是教师快速成长的一条捷径。

三、成为享受型教师

自踏上教育岗位起，我就在艰苦地拼搏，可以说把满腔的热血、亮丽的青春都献给了教育。但是，我常常感到做教师很苦，工作累、压力大。尤其是近年来，各个方面的工作越来越烦琐，作为班主任，我要管理班级、组织学生策划参加各种运动会、大合唱、文艺汇演、技能节等活动；作为德育教师，我不仅每年要给5～8个班的学生授课，还要承担辅导学生参加学科类竞赛的任务；作为学校员工，我更要根据各级部门要求和自我发展需要，参加优质课、信息化比赛……每年都各种忙碌，自己筋疲力尽，职业倦怠感也越来越严重。

然而，网络培训中专家老师们精彩纷呈的授课，他们所展现出的渊博的知识、乐观的态度以及对行业领域知识的自信征服了我，我要向他们学习，做一个享受学习、享受工作、享受生活的享受型教师。

首先，要加强学习，开阔视野。"书中自有黄金屋，书中自有颜如玉"，不断为自己进行专业知识"充电"，知识上的富足有助于自信心的提升，有助于创新工作，提高效率。

其次，要学会做一个真实的人。在工作中要尽力改变过于急躁、求胜心切、好高骛远和自怨自艾的不良习惯，培养积极向上、乐观幽默、实事求是的优良品质。教师的生活单调，工作繁重，身心容易失衡，需借助适当的休闲活动来调节生活，弥补身心的疲乏，恢复充沛的体力，以维持健康的身心。

最后，要注重培养自己多方面的兴趣，开阔视野，充实自己。懂得"快乐是人生的驿站，痛苦是人生的航船"，珍惜、善待自己，学会享受生活！

总之，此次网络培训让我学到很多。不负芳华寻初心，无问西东踏歌行！感谢有这么好的一次经历！

打造班级生活中的仪式感

青岛交通职业学校　刘媛媛

法国文学作品《小王子》里这样写道："仪式感就是使某一天与其他日子不同,使某一个时刻与其他时刻不同。"仪式感是对生活的尊重,是让我们感受到生活独特的意义所在,是让我们充满热忱地去面对生活。所以现在人们在生活中越来越追求仪式感,然而不仅生活需要仪式感,班级生活也是如此。

班级不仅是学生学习的场所,也是学生共同成长的家园。对于学生而言,班级是除了家以外待的时间最长的地方,甚至许多住宿生都以校为家。因此,如何为学生打造一个舒适、有温度、有归属感的班级是每个班主任都应该思考的问题。

一、营造有温度的集体从仪式感开始

在学生入学前,我在采集学生的基本信息时特意将每位学生的生日信息单独制作成一个表格,并在我的日历上将每位同学的生日标注了出来。在某个学生的生日当天,全班一起唱生日歌并送上生日贺卡,贺卡上写着每名同学的生日祝福。同时,我也会在学生生日当天送上我自己准备的神秘小礼物,以表鼓励。在歌声中和祝福中,小寿星们都感受到了家的温暖。

另外,每个学期结束时我都会和学生拍一张全家福,并将全家福贴在宣传栏的一角,记录他们三年来的成长。每次学生从宣传栏走过都能感受到班级是一个大家庭,班里每一位同学都如同家人一般。

这些小举动为班级生活赋予了满满的仪式感,学生能够随时随地感受到来自老师和同学的关爱。在这些活动当中,学生也学会了关爱他人,集体生活也因这些小小的仪式感而有了温度。

二、打造有秩序感的集体从自我管理开始

在新生入学之初,每个班级需要制订班级公约。通常制订班级公约的是班主任,但是其实学生才是班级的主体。一个班级发展如何,关键是学生的表现,因此我决定让学生自己制订班级公约。每个同学都开动脑筋至少提供一条要遵守的规矩或要养成的好习惯,然后班长将同学们的意见汇总起来,将重复的内容

去掉后，在语文老师的帮助下，提炼出一份语言凝练、内容务实的班级公约。随后，我在班里举行了班级公约签订仪式，每位同学都在班级公约上签上自己的名字，最后全班一同与班级公约合影。在这个过程中，学生明白了什么是契约精神，也意识到了遵守规则的必要性：只有加强自我管理、严于律己，才能够构建和谐的、有秩序的班级生活。也正是由于班级公约是学生自主制订的，所以学生在执行的过程中有着较强的自我驱动力，达到的效果是事半功倍的。

在平时带班的过程中，我也常鼓励学生积极为班级生活建言献策，人人都参与到班级管理中，每个都要承担一定的角色，为班级的发展贡献自己的力量。每个月我们班都会举行一次民主生活会，全员参与，自由发言。同时，我还设立了班级信箱，让学生的心里话有发声的渠道，分享自己的困惑或反映班级存在的问题。从学生的角度与学生进行平等的沟通，打造一个民主自治又不失秩序感的班级。

三、塑造有艺术感的集体从班级文化开始

一个赏心悦目的班级环境会大大提高学生的学习效率和幸福感。走进我们班，随处可见的励志标语给予学生积极正面的心理暗示。宣传栏内容也会根据每月的宣传主题定期更新，在装饰过程中锻炼了学生信息检索、排版设计、装饰布置的能力，不知不觉中学生的审美得到了提升。除此之外，班里还有很多体现人文关怀的地方。比如学生经常捡到无人认领的文具，针对这一现象我在讲台的旁边设立了失物招领处，学生将捡到的文具放到失物招领处，以便丢失文具的同学顺利地找回。我还在班中设立防疫物资箱和班级小药箱，若有同学口罩需要更换或者受了轻伤都可以马上处理。为了培养学生的阅读习惯，我在班中设立了阅读空间，我首先带头捐赠了几本文学名著，接着同学们也开始纷纷分享自己喜欢的图书，书架上的藏书越来越丰富，每个同学都能找到自己喜欢的文学类型，阅读空间里书也在每个学期初进行更换，保证了图书种类的多样性。现在的课间几乎在教室的每个角落都能发现捧着书看得入迷的"小书虫"。

我们班最大的亮点要属我们班的 JT 艺术区，灵感来源于北京的"789 艺术区"，目的是为了让我们班多才多艺的同学有一个展示的空间。在这里，心灵手巧的同学折出一些栩栩如生的小动物，书法才子用笔墨传承文化，班里的小画家用画笔勾勒出五彩斑斓的美好，小摄影家们用相机记录校园生活中的美好瞬间。JT 艺术区很快变成了教室里最受欢迎的角落，同学们喜欢在闲暇时间来观赏这

些艺术作品,放松的同时也提高了审美和创造力。同时原本性格内向的同学可以通过特长,展示自己的艺术才能,变得更加自信。

作为班主任,我将继续打造充满仪式感、秩序感和艺术感的班级生活,让每个孩子都能在班级里找到自己的舒适区,一起享受成长的快乐。

立德树人铸师魂,清正廉洁守初心
—— 教师节活动感悟

青岛交通职业学校　王晓慧

日出日落,辛勤耕耘,步履不停;寒来暑往,雕刻灵魂,护佑人生,这是教师。一支红笔,两袖微尘,三尺讲台,四季耕耘,这是教师。立德树人,为人师表,清廉从教,这就是教师。作为一名青年教师,我是从大学校园直接进入青岛交通职业学校的校园的,初入工作岗位的我可以说教育教学经验约等于一张白纸,满腹诗书和抱负的我期待着在学校中培养未来的大国工匠。又到了一年一度的教师节,借此回顾初心,展望未来。

习近平总书记指出:"今天的学生就是未来实现中华民族伟大复兴中国梦的主力军,广大教师就是打造这支中华民族'梦之队'的筑梦人。"我们"一个肩膀挑着学生的未来,一个肩膀挑着民族的未来"。教育筑梦中国,教师是立教之本,兴教之源。作为一名光荣的人民教师,我们应做到为人师表、严以律己,坚持立德树人的根本任务,坚守清廉从教的教育初心,履行教书育人的崇高职责。

教书育人,立德树人。教书育人是时代赋予教师的天职,教书是手段,育人是目的。"师者也,教之以事而喻诸德也。'一个只埋头教书的教师,充其量只能是个教书匠,只有既教书又育人的教师,才是一名好教师。"百行以德为首",国无德不兴,人无德不立。当代人民教师就更立足于此,全员、全程、全方位主动参与思政教育,从明道、立德、治学、爱生四个方面,践行立德树人新要求,努力担当起人民教师的时代使命。我作为一名中职学校的数学教师,面对数学基础薄弱的学生,教授数学知识只是一方面,重要的是教会学生利用数学的思维和方法去看待世界,更重要的是教会学生善良做人。当我确定了中职教师的工作岗位之后,我的教育初心就是培养学生成为一个善良的人,让学生自信、自立、自强,有人生奋斗目标地乐观积极生活。

　　为人师表，言传身教。十年树木，百年树人。教师对学生的影响是潜移默化的，言传身教是最好的教育方式，这会在学生的身上长期发生作用，甚至会影响学生的一生。我们要做到"政治要强、情怀要深、思维要新、视野要广、自律要严、人格要正"，坚持以德施教、立德树人、刻苦钻研、教学相长，自觉维护教师的良好形象，提振师道尊严。我们要始终做到"学为人师、行为世范"，争做社会主义核心价值观的坚定信仰者、积极传播者和模范践行者，勇做走在时代前列的奋进者、开拓者、奉献者，成为党和人民满意的"四有"好教师。我们要树立终身学习的观念，不断提升自己的教育教学能力，更要充实自己在各领域的知识技能，成为一名紧随时代潮流的现代化教师。

　　坚守底线，清廉从教。教师是一份神圣的职业，国家和社会对教师有着深沉的期待。我们要遵守国家法律，恪守职业道德，用自己的行动呵护学生的成长、承担职业的使命、捍卫职业的荣誉、坚守职业的底线。我们要以清为美、以廉为荣、不忘初心、淡泊名利、廉洁从教，让生命与使命结伴而行，不负党和国家的嘱托，不负每一个青春的生命和亿万家庭的幸福，倾情尽力，孜孜矻矻，为实现中华民族伟大复兴的中国梦培育英才。

　　历史在见证，人民在期待。百年传承，今日到我；激荡未来，壮志在我；青春万岁，强国有我！面对未来，面对挑战，我们将以自我革新的勇气、勇于担当的精神、久久为功的毅力，履行立德树人的使命，铸造为人师表的灵魂，坚守廉洁从教的初心，迈好新时代中国强师之路新步伐，书写教师队伍建设的崭新篇章。择一事终一生，成为一名人民教师是我一生的光荣，我会时常回顾初心，经常反思自我，勇于自我革新，不断充实提高，脚踏实地走好我教师生涯中的每一步，用心、用情培养每一个学生，助力国家的教育事业，构筑党和国家所需的新时代教师魂。

善用亮点

青岛交通职业学校　刘媛媛

美国著名心理学家奇普·希斯分享过这样一个故事。

1990 年，国际慈善组织"救助儿童基金会"的工作人员杰里·斯特宁受越南政府的委托，在 6 个月内解决某地区儿童营养不良的问题。在斯特宁出发去越南之前,他阅读了大量的有关儿童营养不良问题的科学研究。然而,到了当地实地走访调查后,斯特宁发现自己所掌握的科学方法并不适用于此。贫困、卫生环境差、清洁饮用水的缺乏等问题不能在短时间内解决,斯特宁只能另辟蹊径。

在实地走访时,细心的斯特宁有了一个重要发现:虽然村子里的人们一贫如洗,但还是有个别孩子营养状况良好。于是斯特宁就展开研究,寻找这些营养良好孩子家庭中的成功做法,即亮点。这个亮点是短时间内他人可复制、可实际操作的成功做法,是一种快速见效的应对策略。

为此,他拜访了亮点妈妈们,仔细对比她们与其他妈妈的不同之处。原来,与当地家庭一天两顿饭的做法不同,亮点妈妈们一天给孩子们喂四次饭(每日进食总量与普通家庭一样)。一日两餐使得孩子们脆弱的身体无法一下吸收过多的事物,因此少量多餐更利于孩子们吸收营养。同时,他还发现亮点妈妈们给孩子准备的食物种类更丰富一些。她们会从稻田里抓一些虾子河蟹添加到孩子们的饭中,也会添加当地常见的植物甘薯叶。这样使得孩子们无意中补充了足够的蛋白质和维生素,让孩子们的身体保持健康。

找到了亮点,接下来就该思考如何实地推广这些亮点做法。令人惊讶的是,斯特宁没有直接告诉村民该如何去做。他采取了更加智慧的办法:在当地村庄成立许多家庭厨房小组,每个参与的妈妈带上虾蟹和甘薯叶,一起准备孩子们的食物。渐渐地,村里的妈妈们习惯了这样的做饭方式,接纳了饮食习惯的改变,这种改变是源于她们自己而非强加于她们。

6个月后,当地65%的儿童营养问题得到改善。后来,埃默里大学的研究人员来到当地做回访调查,发现斯特宁离开后孩子们的营养状况仍然在持续好转。由此可见,这套方法能够持续下去,并非昙花一现。

人们总是会关注问题不好的一面,执着地想要解决麻烦,而不是寻找亮点。正如在日常的班级管理中,教师也往往重点关注的是学生身上出现的问题,而并非寻找学生的亮点。在斯特宁的故事中,亮点是改变过程中不可或缺的角色。因此解决学生的困难时,教师应化被动为主动,发掘和利用亮点。

在担任班主任的过程中,我接触到了一名叫小 M 的学生。小 M 在校期间表现出了明显的厌学情绪。他经常上课迟到,几乎不做作业,扰乱课堂,甚至还与同班同学发生过言语和肢体冲突。在跟小 M 沟通的过程中我发现,小 M 来自一个单亲家庭,母亲忙于工作也基本不怎么管他,小 M 总是会做出一些出格的事情来引起父母对他的关注。作为班主任我并没有立即批评他,因为小 M 是个敏感且自尊心比较强的孩子，严厉的批评只会适得其反。我把老师和同学对他的负面评价放到一边，和他进行了几次轻松的对话。在聊天中我让小 M 谈一谈他在学校不怎么惹事的时候，小 M 立即打开了话匣子。"我在历史课上不怎么惹事，历史老师人很不错，"小 M 说道。我紧接着又追问："历史老师做了什么让你对她有很高的评价呢？"小 M 思考了一会儿说："历史老师见到我总是和我打招呼，而且历史老师布置的作业或者任务我能听懂，她还会主动问我是否明确她的任务要求。"

通过和小 M 聊天我找到了亮点——历史老师的做法就是"亮点做法"。主动与小 M 打招呼沟通交流，满足了小 M 被关注的心理需求，让小 M 觉得自己在老师心中很重要。同时，根据小 M 的学习水平布置适合小 M 的任务或作业，体现了以人为本、以学生为中心的做法。如此一来，小 M 不会因作业而产生畏惧心理。找到亮点后我们就可以复制亮点，推广经验了。我将历史老师的做法当作范本，让其他老师也使用这些小技巧：在小 M 进教室时主动和他打招呼，多与小 M 沟通，确保小 M 理解课堂任务，给小 M 布置符合他学习水平的作业。想要从根源上解决小 M 的问题在短时间内不可能实现，但是通过发掘一些"亮点做法"却能在短时间内改善小 M 的表现。

在其他老师的配合下，我们记录下小 M 在三个方面的表现：上课出勤、课堂任务和课后作业的完成情况、课堂表现。通过任课老师的观察与记录，到学期末小 M 的课堂表现有了大幅的提高，迟到、扰乱课堂纪律的现象明显减少，成绩也有了一定幅度的提升。在实行"亮点做法"之前，小 M 一天内只能有一两节课表现合格，现在每天四五节课表现都过关。虽然他的表现离"优秀"还有距离，但是与之前的表现相比已经有了明显的进步。

不论是越南妈妈的案例还是小 M 的案例，改变都相当微小，却收到了很明显的效果。面对棘手问题，人们通常会纠结问题本身，想一些庞大且复杂的解决方案，这是源于人们对负面信息的偏爱心理，反而忽略了"怎么做才有用"这个最直观的问题。就像小 M 案例中的单亲家庭、学习障碍、个性冲动易怒、我行我素等问题，每一个班主任老师遇到都十分头大，忍不住各种分析，设计复杂的解决方案。其实，对付大问题利用一些小的亮点方法就能完美解决。而且，这些亮点方法不是强加于人的，是人们能够欣然接受的。

通过小 M 的案例，我领悟到：教师不要过度解读学生的缺点，而应该聚焦在可行的解决对策上，把对负面信息的关注转变成找到亮点并实施下去的解决思路，以小见大，会有意想不到的效果。

探究中职班级管理工作的理念与策略

青岛交通职业学校 丁文杰

教育是无痕的艺术,而对学生的管理却是有迹可循。自接触班级管理工作以来,我深切了解了中职学校班级管理工作中的各种复杂状况,通过日常班主任管理工作中获得的一些经验,以及与各科资深教师的沟通交流,总结出一套管理中职学校班级的对策与方法并与大家分享,目的是为了能够更加务实高效地管理班级,营造良好的班级氛围,关心学生身心发展,引导他们成为为社会主义和谐社会建设增光添彩的高等职业技术型人才。

一、发挥班主任的主观能动性

班主任不仅是班级的管理者,还是学生的领导者、班级活动的组织者,更是联系学校与学生、学校与家长交流沟通的纽带。班主任作为管理者,工作千头万绪,在工作开展过程中要有一颗爱心、真心,在日常学习上了解学生的思想心理以及兴趣爱好,在学校生活中关心、爱护他们。同时,随着信息技术的飞速发展,班主任可以利用网络创造的沟通渠道,与学生进行互动沟通。网络工具是学生经常使用的工具,通过网络工具能及时了解学生动态,缩小与学生之间的心理距离,提高班主任管理工作效率。

作为学生的领导者和活动组织者,班主任要重视班团活动,以此来增强学生的团结协作能力。我在每周组织汽修专业学生参加的实训室实操活动中,根据学生特质,将个别动手能力差的学生与实操能力强的学生搭配学习,注重小组携同,培养学生彼此之间的小组协助能力;并且按其他资深教师的建议,在班级中推行选拔部分学生担任副班主任并滚动执勤,通过他们的不同视角来关心体谅学生。在尊重的基础上,认真聆听学生的内心想法,随时掌握他们日常学习生活中的困难和需求,并能及时地对学生在学习生活上的闪光点进行表扬和激励。

而作为多方互动交流的纽带,班主任具备良好的沟通技巧是不可或缺的。在家校交流过程中,班主任既要做学生的良师,又要做家长们的益友。中职学生有一些在纪律性和自律性等方面是涣散的,开始时尽量与学生在沟通交流方面打成一片,管理班级时由松渐紧,让他们逐渐跟上班主任的节奏,逐步去调节自己的散漫行为。在每学期的家长会上,我跟学生家长主动表明,班主任联系电话不仅仅是紧急情况或需要请假时才可用到,多次强调并欢迎家长随时主动地打电话来了解学生在校的表现及动态，让学生家长放心、安心，必要时主动联系家长沟通学生近期情况，让学生家长从内心深处认可学校及老师的教育和管理。

二、营造良好班级氛围，关心学生身心发展

中职教育介于基础教育和高等教育的之间，文化基础及动手实操能力是这个教育阶段的重要一环。只有协助学生在身心健康的前提下，实现此阶段的学习目标，才能对学生以后的成长成才大有裨益。中职学生普遍文化基础弱些，而良好的班级氛围能有效激发学生的学习积极性，所以，班主任营造良好的班级学习氛围就显得尤为重要。课堂互动、辩论式讲学、早读晚课纳入学分等方式均能起到正向的促进作用。课堂互动及辩论式讲学使学生能够提高部分课堂参与度，明确每节课的教学目标，促进学生之间团结合作的情感和内部思想的大统一。而早读晚课严格规定时间内不能外出，要求住校学生严格按照学校规章制度预习复习，这不仅对营造学习氛围有益，还可以让学生学会如何合理管理时间、利用时间。

中职的学生，很多都是玩性大，在理论课堂上上课状态不佳，文化基础弱是一部分原因，还有一个更重要的原因是上课积极性低，而实操课是他们乐于参与的课堂。实操课能动性强，没有理论课的枯燥，更注重观察与动手能力。很多在课堂上不够踊跃的学生，在实操课上却是大展身手，让老师刮目相看。而实操课结束后很长一段时间内，同学们还是保持在上课时的那种积极和踊跃的状态，班主任要找准时机多表扬鼓励，让学生主动营造班级学风，保持青春昂扬的学习状态。

中职班级里的学生来自全国各地，风俗、文化、爱好各异，班主任要以身作则，带领学生相互尊重、理解并彼此认同，随时关心学生的身心发展，培养他们的自主学习意识和创新精神。鼓励学生组织参加班级团建活动，踊跃报名每年的各级学科比赛活动，增强他们的集体参与意识，亦可在这些活动中，发掘学生的自身的优势，了解他们的身心发展趋势，以班级为小单位促进集体的大繁荣。

三、学无止境，终身学习

为了有效开展班级的日常管理工作，更好地提高班主任工作的质量，也为了具备更加饱满的精神状态，班主任应该充分利用业余时间，全面地学习班级管理要素，加强管理素质，紧跟时代的潮流，与时俱进，不断充实自己。

而在教师的综合素质要求当中，有一项是终身学习。每年、每月各地都会开

展很多期知名教育学家的专题讲座,有关二如何营造学习氛围的,有提高课堂效率的,也有激发培养学生学习兴趣的,更有提高班级管理的。通过与全国各地的学者相互交流、学习、沟通,取得精髓,灵活运用,弥补以往工作中的不足。除去周末地区学校之间组织的学习交流课、观摩课之外,寒暑假期间我还会去其他省份参加全国性质的专题讲座,如参加著名教育改革家魏书生的教书育人案例实操分享会、全国十佳班主任段惠民的智教慧育。通过不断地充电学习,不仅我的教育教学能力日渐提升,工作心态越来越好,综合管理能力也稳步提高。

时代是发展的,学生也是随着时代发展而变化的,班主任作为一个成功的领路人,要用平凡却又风趣生动、通俗又富含哲理的教育实践来总结班级管理的理论方法,回归教育的本真,用生命去影响生命。领会并实践魏书生老师提出的“民主”“科学”以及“松、静、匀、乐”的观念,眼睛向内,明白“身处何方,脚踏何地,所做何事”。回到学校,从细微处着手,谨守初心。

网络空间下多样的德育课

青岛交通职业学校　王晓慧

疫情防控期间,利用网络学习空间开展教育教学活动,不仅对于学科教学是一大挑战,对于德育教育也是一大创新。疫情下的德育课能够直击心灵,更有效地提升学生的道德品质。因此,教师要紧跟时事的脚步安排多样的德育活动以促进学生的全面发展。

青岛交通职业学校将青岛教育“云空间”转化为德育教育主阵地,系统开设每周“同心战疫”德育活动课程:周一“凝心聚力”校班会、周二“团聚青春”青年大学习、周三“珍爱生命”健康知识讲座、周四“阳光心情”心理健康讲座、周五“交通演说家”,多视角多维度地引导学生积极健康向上。同时,结合青岛市教育局“十个一”计划,开展2020年春季“战役宅在家”活动,落实“十个一”项目行动,引导学生在疫情期间全面健康发展。

教师尝试利用各种网络平台与学生分享新闻和教育资源、上传教学视频、直播互动交流等方式进行德育教育,教师在学校安排下设计了“开学第一课”“战疫中的志愿者”“凡人英雄”等主题德育课程。学生在网络平台上搜集阅读资源、讨论表达想法、线上线下结合参与德育活动,家长通过网络平台与教师沟通联络、对学生关怀监督,真正实现网络学习空间人人通。

一、线上聚会的心理教育课

新冠疫情发生后，全国上下都在为防控疫情、救治患者采取一系列措施。疫情的发展、封城的措施、不断增长的病例数字等，都引发个体的一些负面情绪如焦虑、恐惧、无助。疫情就是命令，防控就是责任。为了维护疫情防控期间师生心理健康的稳定，帮助广大师生缓解焦虑情绪，筑起一道心理安全防线，青岛交通职业学校特意为所有的学生在青岛教育"云空间"准备了一堂心理教育课，确保师生身心健康。全校的同学们在同一时间安排下，通过电脑登录青岛教育云空间，或者通过手机登录青岛空中课堂 App，在平台上的名师在线栏目中共同观看《"阳光心情"心理健康》教育课程视频，开起了线上班会。

青岛教育"云空间"是由青岛市教育局为全市教师和学生提供的移动云空间服务。各学校可以提前录制好课程视频推送至空间中，供学生开展网上学习。该平台可实现"名师在线"功能，专家教师在线辅导是全新打造的精品网络直播学习频道；该平台可以根据学生设计特色课程，开发学生思维，专注培养多方面发展的学生；该平台可以进行家庭教育，亲子互动一起成长，让家长不错过孩子的每一次成长；该平台还可以进行直播课程，"直播 + 辅导"的搭配、双师教学给了学生多形式的教学体验。通过该平台，青岛市教育局、学校和教师可以在最短时间内将"云资源"内容推送至每位老师、学生和家长手中，切实打造安全高效、开放共享、全市统一的教育信息化服务。

讲座后，学生通过班级微信群或 QQ 群等平台分享心得笔记，互相交流，进一步提高了疫情下学生对心理问题的重视程度。这次讲座及时有效地缓解了学生因疫情产生的学习动力不足、紧张、焦虑等心理问题；引导广大师生消除恐慌心态，正视疫情，科学应对疫情，合理安排学习生活，培养良好的生活习惯；增强了广大师生家长的必胜信念，帮助学生树立乐观向上的信心。

二、共享交互的生命教育课

疫情之中有很多动人的故事，教师设计了一节"向医护工作者致敬"主题教育课。课前教师让学生在网络搜集抗疫中医护工作者的故事在微信的"小打卡"程序中进行分享，鼓励学生以自己的特长向医护人员致敬。同学们居家隔离进行了"云合唱"的录制，每位同学在 QQ 群中上传了自己的唱歌视频文件，擅长视频剪辑的同学利用手机剪映、快剪辑等 App，整合所有人的视频资源制作成一首改编的歌曲《那些你很冒险的梦》，歌唱伟大的医护人员，为他们加油打气。课上同学们在微信群中分享自己搜集的抗疫故事,在腾讯视频中共享大家合作完成的"云合唱"歌曲视频,交流活动感悟与心得,体现了学生对医护工作者的崇高敬意。课后学生开始积极关注新闻,了解时事政治,珍惜自己的美好青春和同学情谊。

结合疫情之下的线上学习方式,教师进行了"珍爱生命之保护视力"主题教育课。教师提前利用网络搜集有意义的时事新闻和有趣味性的视力保护动画,教师再整合资源利用 Apower 软件自己录制讲解视频,在 UMU 互动学习平台与学生分享。

UMU 互动学习平台支持图文、音频、视频、微课、直播等多种知识呈现形式,针对同一知识主题选择合适载体进行分享,让知识的呈现更加立体。使用 UMU 创作序列化的教学内容与学习互动式课程,通过预设学习路径让学习自然发生。UMU 将各项学习元素全部移动互联网化与模块化,创建课程就像搭积木一样创新有趣,学生完成学习任务就像闯关游戏一样好玩着迷。

学生登录 UMU 学习平台观看教师分享的资源,同时在平台中也上传自己搜集的信息,师生之间互相评论点赞,实现信息共享。学生在平台发表学习感想进行交流,贴近学生现状的学习主题和生动有趣的视频让学生讨论激烈、感触良多。

三、家校联动的安全教育课

为减少疫情带来的不利影响,进一步加强对学生居家隔离情况的了解,稳定学生与家长的情绪,教师视频连线家长与学生上了一节特别的安全教育课。教师根据家长和学生的居家情况,提前安排好视频时间,有计划、有顺序地进行视频沟通。部分学生家长利用腾讯会议软件进行集体视频,部分学生家长利用微信视频进行单独连线。

教师对家长和学生进行了新型冠状病毒相关知识和预防方法的普及,叮嘱居家生活中水、电、气、网络等细节的安全注意事项。随着天气转暖,结合外地发生的溺水事故新闻,教师特别强调了防溺水的安全提醒。利用网络进行线上面对面的交流拉近了家校和师生彼此之间的距离,教师更加了解学生的情况,家长也更加清楚学校对学生的关心和网课的安排,家校联动携手促进学生的发展。

四、直播互动的劳动教育课

为增强中职学生的职业教育,又恰逢五一国际劳动节,教师通过网络平台进行了一节《劳动教育课》。教师利用腾讯课堂软件,进行网络直播课,给学生分享电脑屏幕，同时教师视频出镜，增添熟悉感。学生通过班级 QQ 群可以直接进入腾讯课堂，方便快捷。

教师结合学生的汽车运用与维修专业，同屏带领学生观看本校优秀毕业生工作的相关视频，在线"云观摩"汽车钣金、维修、保养、营销等岗位的工作流程，让学生深入了解汽修行业的岗位内容，提前为实习工作做好准备。学生在腾讯课堂中分享感悟，交流互动。课下，学生撰写职业规划分享到微信"小打卡"程序中，同时利用所学的专业知识为自家爱车进行维修保养，在实践中体悟劳动心得。

我的教育初心故事

青岛工贸职业学校　刘忠臣

作为教师，我们该如何不忘初心？2014 年 9 月 9 日，习近平总书记在北京师范大学与师生代表座谈时强调：每个人心目中都有自己好老师的形象。做好老师，是每一个老师应该认真思考和探索的问题，也是每一个老师的理想和追求。我想，好老师没有统一的模式，可以各有千秋、各显身手，但有一些共同的、必不可少的特质。做好老师，要有理想信念；做好老师，要有道德情操；做好老师，要有扎实学识；做好老师，要有仁爱之心。不忘初心，让我们用坚定的理想信念在学生心中播撒梦想的种子。

作为一名教师，23 年以来我一直从事数控专业课教学，任班主任 21 年。我一直用心做学生教育工作，每天早自习、自习课、眼保健操、课间操都能及时到岗与学生在一起，与学生交流。新学期一开始，针对高一学生的特点，我及时给每个学生建立成长档案记录，记录每个学生在学校成长的点点滴滴，平时对于学校和班级组织的一系列活动，我都能用心地去思考活动的教育点和切入点，与班干部和全班同学进行讨论，拿出最佳的活动方案。在全校组织的活动中，由于全班同学的共同积极参与，我们班取得了优异的成绩：学校"体育节"集体跑比赛一等奖、广播操比赛一等奖、运动会团体总分一等奖、运动会体质抽测一等奖、校长杯足球赛冠军等。班级是一个小社会，几十名学生来自不同的家庭，成分复杂。我从一接班，便对本班的每个学生从生活到学习，从个人兴趣爱好、思想动态、个性特点到家庭状况都详细地去了解。有的同学父母干个体、还有的同学住在爷爷奶奶家等，这些孩子更需要多给他们一些关心和爱心，针对不同情况的学生，我采用不同的教育方式。我充分利用一切机会与学生及家长进行交谈与沟通，了解学生的心理状态，通过对每个学生的了解，更加清楚地认识到我们的学生和家长是多么不容易。正是有了这种正能量的支持，我所带的班级很快就形成了文明、团结、向上、和谐的良好班风。在21年的班主任工作中，我所带的班级多次被评为学校先进班集体、先进团支部，其中我任班主任的2009级2班获青岛市先进班集体，2000级2班获青岛市先进班集体。2018年9月9日，教师节来临，我曾经的学生青岛公交集团313路线驾驶员董述飞把给我准备的奖状贴进了车厢，建起了特殊的"荣誉墙"，以表达对我的感激之情。青岛财经网对这个事件进行了详细报道。

日常教学中我认真钻研教材，严谨教学，全面分析学情，根据学生的具体情况、行业发展、企业人才需求制订教学计划，对学生进行分层次教学。平日积极参加学校、市里的教研活动，利用课余时间深入企业，提高专业技能教学水平，先后考取数控铣工高级技师、数控机床操作调整工高级技师、数控车工高级技师、国家高级制图员。在教学中，认真扎实地备好每一节课，在讲课中做到深入浅出，善于激发学生的学习兴趣，培养学生良好的学习习惯，注重对学生专业技能的培养，2012年指导的学生作品《钻研》在第九届全国中等职业学校"文明风采"竞赛"职业和生活中的美"比赛中获二等奖；2011年辅导的学生在青岛市技能大赛数控铣项目比赛中获二等奖；认真做好教科研工作，专心致力于专业教学的研究与改革，一分耕耘一分收获，2009年7月荣获"高教社杯"全国中等职业学校数控技术应用专业说课比赛二等奖；2012年12月负责的教改项目《项目化的协作学习在中职〈机械制图〉教学中的实践与探索》获青岛市二等奖；论文《立体表面上点线投影的教学体会》获青岛市一等奖；论文《甜中加盐的艺术》获山东省百佳论文评选二等奖；获机械制图比赛青岛市二等奖；获2006年8月青岛市优质课比赛一等奖；2013年开设了《G92螺纹切削循环指令》公开课，受到与会领导、老师的一致好评；2007年9月获青岛市青年教师优秀专业人才荣誉称号；2016年1月获青岛市教学能手荣誉称号。

2002年至今一直担任级部组长，在平时的工作中认真做好青年教师的传帮带工作，鼓励他们追求上进，多给他们提供展示自己的机会，并在业务上毫无保留地帮助他们，督促他们成长与提高。

在以后的工作中，我将继续不断加强学习，不断自我革新，不忘初心、砥砺前行，为祖国的教育事业奉献自己的力量。

我和我的学生

青岛交通职业学校　于瑶

教育就是一棵树摇动另一棵树，一朵云推动另一朵云，一个灵魂唤醒另一个灵魂。做一个有幸福感的班主任是不是就是一朵幸福的云彩呢？

拿着一张张毕业照，回想起一个个带过的班，看着一张张灿烂的笑脸，我能感觉到发自内心的幸福。我经常觉得学生给我的爱要比我给他们的多很多。2014级11班在毕业之际，学生耗时一个月，走遍了全班同学的实习单位，拍摄近200段视频，制成一部毕业短片送给我，送给班里的每个人，这是多么难得又珍贵的礼物啊！

工作以来，至少有四次中途接班担任班主任。每次都是困难重重，可是每次回头再看的时候都会有很多意外的收获。刚刚送走的2014级8班就是在高二下学期中途接班，开始的时候学生和我都是各种的不适应，学生喜欢打篮球，在我的带动下在体育节里承办全校篮球联赛53场比赛，耗时一个半月，场场比赛我和他们一起坚守。慢慢地我们越来越默契，我甚至成了他们的"于妈妈"。毕业的时候，不太善言辞的"小直男"们居然为我摆起了烛光爱心。追求教育的浪漫，不只是为了寓教于乐，不只是方法和技巧，更是一种教育境界。

2017级8班是我带的第一个男生班，和33个毛头小子朝夕相处近三年，与他们一起笑过，一起哭过，一起拼搏，一起成长。从开始的陌生、互相不服气，到现在亲如兄弟手足；从开始对批评教育的抵触，到现在点到为止的自律；从开始的凡事都要我事必躬亲，到现在我出差一周他们都能独立搞定班级里的大小事情；从开始的各科学习一塌糊涂，到现在毕业会考全体通过；从开始的不自信，到现在的青岛市优秀班集体；从开始的我给他们过生日，到现在他们给我过生日……所有的这些画面也像一部电影讲述着他们成长的足迹。"好的教育是灵魂的唤醒，是师生生命的彼此成就"，我怀着一颗对成长的敬畏之心，真诚地面对学生，为他们的梦想助力，为他们的人生添彩。感谢成长，给予我更强的使命感和幸福感。

2020级11班是一个神奇的集体，表面上看起来他们是全校入学分数最高的"3+4"班，想象中他们应该德才兼备、懂事自律，没想到现实差别巨大。

他们在初中都是学习成绩在中等偏上的学生，是被老师关注最少的一部分学生，平常和老师的交流很有限，所以他们很少愿意主动与老师交流，不习惯被关注、自以为是、我行我素的表现比其他学制的班都要明显。经常是老师刚强调完的不能做的事情，他们就像没听到一样继续去做。对老师的批评无所谓，给自己的行为找各种各样的借口。

他们成绩不算差，精力充沛，但很少有人愿意努力拼搏。考上"3+4"以后他们学习上就开始放松，多余的精力放在各种玩闹上，比其他班都要难管理。他们的能力不高不低，初中集体活动参与很少，更多的是关注自己，很少关心他人，所以集体意识淡薄，班级凝聚力差。每次搞活动班主任都要费很大的精力去组织、动员，就这样还是会有同学不急不慢地跟老师说一句"跟我没什么关系，又不是只差我一个"。

但是他们领悟能力和学习能力确实比其他的班级要强，经常有任课老师说，在别的班讲不明白的知识，在我们班就能讲明白，他们能理解，而且会拓展，但是课后他们又懒得再去复习巩固，所以他们的成绩并不是很出色。

面对这样的集体，班主任需要投入很多的精力和感情。为了能更深入地了解他们，也为了他们能更好地理解老师的意图，我决定和他们多沟通。但是每天的课都满满的，能沟通的时间太有限了。于是晚自习之前的晚饭时间就成了我们沟通的时间，历时一年半，用值班的时间已经和每个学生都吃了一顿晚餐，也算是和每个人都有了一段独处的时光，一起聊聊家常，说说班里的事，慢慢地放松下来，从最开始的拘谨，到现在的自然而然，就在这一餐一食中，学生和我慢慢走近。

就这样在不断地立规矩、养习惯中，在不停地和他们斗智斗勇中，在和每个人共进晚餐的聊天中，在时刻对他们的保护和包容中，终于让我找到了开启他们发动机的钥匙，虽然起步比较慢，但我坚信他们的加速度一定是最大的！

我特别认可李镇西老师的这句话："一个老师是否优秀不是最重要，是否卓越更无关紧要，最最关键的是，是否幸福。优秀与否是别人的评价，幸福与否是自己的感受。"因为遇见这些学生，遇见在他们最美好的年华里，我觉得自己很幸福。

习惯养成教育，让优秀成为习惯

青岛艺术学校　胡秀娟

学生的教育真是需要用心来对待。给学生以充分的自主权和主动权，让他们在肯定中得到自信！习惯养成教育，让优秀成为习惯。

今天上课前，黑板没有擦。我一问，擦黑板的值日生是韩慧聪，因为上形体专业课，还没赶回来。"谁来擦一下黑板呀？"我借此问了一句。以前，都会点名叫，这次我想改一下。没想到，王子龙同学主动站起来，举起手说："我来！"他话音刚落，我立马给予表扬："子龙太棒了，请大家鼓掌！"因为数学老师来了，同学们正在准备上课的学习用品，掌声稀稀拉拉。"掌声还不够热烈……"这时，同学们又重新鼓起掌来。王子龙边拿抹布，边说："没什么，没什么。"但我看到了他脸上洋溢的笑容。

为了培养学生的劳动光荣意识，只要不是值日生而参与班级管理，我就用加分的方式给予肯定和鼓励。

在班级管理中，文化课固然重要。学生习惯的养成，可以为学生的学习成才打下坚实的基础。注重学生劳动的锻炼和培养，是非常重要的一个方面。开学初，要对教室进行卫生大扫除，同学们分工合作，由卫生委员将教室分成小的任务，每个人领任务。

一开始，大家不会打扫卫生。我就手把手教他们，和学生一起参加劳动。通过自我推荐，选出卫生委员。为了减轻学生的负担，会设置三个值日生：早晨、课间操、中午。卫生委员会将教室和专业进行值日时间和区域划分，教室卫生一日四打扫，早晨、课间操、中午、晚自习。平时注重保洁，随时发现问题，随时处理。每位同学根据自己的实际情况领取值日任务，根据学生领取的任务，做好值日生安排。每人每周一天，保质保量。

卫生习惯十分重要。人走桌面清，书包放两边，水杯放书包。保持教室卫生，养成良好的卫生习惯，这是我带班非常看中的。一屋不扫，何以扫天下。

倡导"桌洞文化"。开学初，每个人发一个文件夹，将卷子按科目进行整理。这样，材料整齐有序，不至于卷子漫天飞。

为了让家长看到自己孩子的变化，我倡导学生回家也要做一个爱劳动的好孩子。为此，我利用节假日开展了"我为爸妈做一顿饭"活动。此次活动激发了学生热爱劳动的热情，也加深了孩子与家长的沟通和交流，改善了亲子关系。

为了形成良好的班风，我坚持做到五到位——早自习，早功，课间操、眼操，自习课，大型聚会。只要学生的活动，我都第一时间到位。不求别的，只为给学生一个安心，让他们感觉到，班主任是和他们站在一起的。陪伴，是最好的方式。每个课间，我都会到教室看一眼，看看有没有身体不舒服的、有特殊情况的，提醒大家课前预备。这几周的跟踪到位,我发现班级的秩序变得井然有序。

一个班级的成长,班主任的作用极其重要。班主任对学生的态度,决定了学生在班级里的感受。

没有惊天动地的举动,没有豪言壮语的誓言,有的是对生命的热爱,对教师职业的执着。不求功名利禄,不求荣华富贵,只求所教的每一个学生能在他们该奋斗的年龄有所收获,而不至于因为虚度而后悔不已。不让一个学生掉队,这是我的理想,我也一直是这么做的。随着时代的发展,社会对一个教师的要求也越来越高,班主任更是如此。我们都感叹,现在的班主任真的很难干,遇到的问题越来越多。我给学生讲,每个人都是带着故事来的。但我不想他们之前发生过什么,我只希望他们开启新的篇章。希望他们尽快从迷失中走出来,明晰自己的目标、努力的方向。愿学生养成良好的习惯,在好习惯中健康成长。

引导学生正确看待"饭圈文化"

青岛交通职业学校　刘媛媛

"饭圈"文化走红是青年亚文化"出圈"的体现,但随着网络社会发展、资本市场干预等因素,这种"出圈"却在发展过程中偏离了文化属性自身的公共性和公益性,"饭圈"乱象层出不穷,为偶像出道倒奶、应援打榜、疯狂集资、花钱"刷数据"、网络暴力攻击……原本积极正面的偶像形象和明星本身,在资本操控下变成了逐利的商品,"饭圈"也成为资本逐利的新空间。

——黄楚新《人民论坛》

班里的小 C 是国内某男团的粉丝,她的课桌上、书本上、书包上、手机壳上到处都贴着偶像的照片贴纸。上课时我发现小 C 经常盯着自己的课桌或者课本的封皮发呆,走近发现她其实是在偷看自己的偶像。后来据其他任课老师反映,小 C 在其他课也有走神的现象。

课下和小 C 聊天时我发现,她几乎每晚都刷微博、抖音和"B 站"到深夜,第一时间了解偶像的动态,甚至加入了该男团的粉丝应援团,花光了所有的零花钱,购买了大量的周边产品。其他同学还告诉我,小 C 经常在班级群里发一些偶像的消息,还让同学帮她为偶像拉票和打榜。由于"饭圈"的工作占据了小 C 大部分的时间,小 C 原本还不错的成绩出现了大幅度的下滑。小 C 的家长也让我帮忙劝说小 C 不要再沉迷"饭圈"无法自拔了。

一、分析原因

想要解决这个问题，我首先要了解小 C 沉迷"饭圈"的原因。小 C 处于青春期，追求新奇，崇拜偶像，符合青少年的特点。小 C 在粉丝团内担任了一些"重要"的职务让她的虚荣心得到了很大的满足，作为青春期的女生，她希望自己能像自己的偶像一样得到他人的关注。美国心理学家德西和瑞安认为人类有三种基本心理需求：自主需要、关系需要和胜任需要。"饭圈文化"的流行在一定程度上满足了小 C 的三种基本需求。从众多的明星中自主选择自己喜欢的明星，满足了小 C 的自主需要；因为某一个明星而遇到一群"志同道合"的伙伴，让小 C 体会到了强烈的归属感，满足了小 C 的关系需要；为了维护明星形象完成各种"饭圈"任务，明星的成功让小 C 觉得自己的能力和价值得到了体现和认可，满足了小 C 的胜任需要。小 C 的父母常年经商，对她的关注较少，得不到关注，内心孤独敏感，加入粉丝后援会让小 C 找到了兴趣相投的同龄人，得到了精神上的认同。

二、正确引导

（一）找到偶像的亮点

许多教师在处理学生追星问题时下意识地否定学生迷恋的偶像，这会引起学生强烈的逆反心理。教师只是看到了学生追星的表象，没有深入探究学生到底为什么被偶像所吸引。转换角色后不难发现，学生追星的原因无非几点：外表光鲜亮丽，舞台上万众瞩目，独特的人格魅力，媒体的大肆宣传等。这些与青少年需求认同、渴望关注相契合。如果教师简单粗暴地否定这一切，切断这些需求是不现实的。这时候教师需要智慧地转化学生的过度迷恋，将其变成可以启发和激励的正能量。在与小 C 聊天的过程中，我主动提起自己曾经喜欢的偶像是如何激励我追求学术上的深造，然后我又问小 C 她的偶像身上的哪些特质吸引了她。小 C 说："他们跳舞非常厉害，人很随和没有偶像包袱，非常迷人。"我向小 C 指出他们所拥有的高超的舞技也是用汗水和努力一点点成就的；他们友善和谦和的态度是他们的魅力所在，也是他们"圈粉"的重要原因，努力和谦虚是所有人都应该去学习和追求的。

（二）扩大偶像选择面

仔细观察青少年追星的对象大多都是一些娱乐明星或"网红"。他们偶像的选择面无疑是单一闭塞的。狭窄的偶像选择不能满足青少年健康成长的需求，"网红"及娱乐明星也存在形象崩塌的危险。因此扩大偶像的选择面，拓宽学生对偶像概念的认知，丰富他们的精神世界才是教师必须为青少年成长所做的努力。教师可以利用课前演讲、班会课等带领学生一切探讨偶像的多元价值选择：各个领域的领军人物是否比"网红"明星更具偶像价值？身边的普通人是不是也可以成为我们的偶像？从而引导学生更加理性地"追星"。

找到偶像身上的亮点，点醒青春的迷茫；扩大偶像选择面，直面多样人生的精彩，这样的引领和转化才是青少年最需要的心灵关怀。

赢了孩子，还是赢得孩子

张丽华　青岛艺术学校

小 Y 在小学阶段成绩一直不太理想，父母想尽一切办法帮他补课仍未见起色，升入我校初中舞蹈专业以后，在学习上存在厌学情绪，行为比较懒惰，学习态度比较被动，曾因过于散漫、不求上进被专业老师严厉批评。小 Y 在母亲的管控下虽然能按时提交作业，但大都是应付，谈不上质量和效率。对此，小 Y 父母也束手无策。我是中途接手这个班级的，第一次接触小 Y，觉得他为人憨厚老实，虽然学习成绩不理想，但为人很和善，能够积极配合班级各项事务，只是眼神里略带忧伤，行动上慢大家一拍。

2020 年 2 月正值疫情防控形势严峻时期，学生都在家上网课，我作为班主任对每位同学进行电话家访，与小 Y 母亲进行了长达 1 个小时的视频通话，寒暄不过 1 分钟，小 Y 母亲就开始和我抱怨小 Y 在家的种种劣迹，这其中包括晚上不睡，早上不起，上网课不能按时签到，专业老师要求的每日打卡不能坚持完成。她还特别提到就在今天早上，小 Y 起床后，脸不洗、牙不刷，先打开手机游戏躺在沙发上玩半小时，直到母亲催促才勉强去上课，小 Y 母亲对其懒散的行为恨得咬牙切齿，又十分无奈，自述自己打也打了，骂也骂了，小 Y 还是和原来一样，这让她心力交瘁。

小 Y 的父母是土生土长的青岛人，父亲是一名勤恳务实的公交车司机，母亲做小生意，家庭经济状况良好，家里只有小 Y 一个孩子，从小父母就对小 Y 十分宠爱并寄予厚望。但小 Y 入学后的成绩令父母频频失望，父母在对待孩子的态度上慢慢失去了耐心，父亲经常用过激的言语责备孩子，动辄棍棒相加；母亲是一个独立要强的女性，对小 Y 的要求非常严格，经常批评指责小 Y，用严厉的惩罚督促学习，让小 Y 在家处于高压管控之下。

面对小 Y 的问题，我采取了以下方式来帮助他。

一、追溯成长史，寻找问题背后的根源

听完小 Y 母亲的描述，我首先用十分平和的语气表示对她的理解，肯定她对孩子学习的长期关注和不离不弃的陪伴，安抚她激动的情绪后和她一起追溯孩子的成长历程，打算从小 Y 过往的经历中挖掘可以解释当下行为的根源，从而寻找解决问题的途径。小 Y 母亲非常配合，非常详细地和我讲述了小 Y 的成长历程，在她的叙述中我发现她强调比较多的关键词就是"抓学习""成绩倒数"，于是我了解到小 Y 母亲对孩子的学习和成长十分上心，恨不得投入自己百分之百的心血来栽培他，对他的学习成绩十分看中，自尊心很强的她面对小 Y 不尽人意的成绩感觉压力很大，自己觉得很丢脸，会不自觉地把焦虑情绪发泄到孩子身上。

二、纠正家长"唯分数论"，树立正确的教育观念

现如今，受社会大环境影响，不少家长让孩子很小就开始被束缚在题海战术中，以孩子的成绩作为衡量孩子好坏的标准，这种"唯分数论"的认知偏见忽视了教育"以人为本"的内在价值，忽视了孩子的心理需求和实际感受。我通过和小 Y 母亲探讨"什么样的孩子才是好孩子"这个问题来让小 Y 母亲意识到，除了成绩，孩子的为人处事能力、创新能力、责任心、孝顺、善良、自信等都很重要，甚至有些方面比成绩还重要。人生的圆满不是考试得高分，而是在社会中找准自己的位置，发挥自己的价值。家庭教育的最终目的不是培养一个高分数的孩子，而是培养一个离开父母能独立生活的孩子，一个乐观、自信、有生命力的孩子，一个能对自己、对家庭、对社会负起责任的孩子。

当小 Y 母亲认同以上这些理念后，我趁热打铁，接着让她谈谈小 Y 身上有哪些宝贵的闪光点，在我的提醒下，她满脸笑意地说："小 Y 很孝顺，昨天他还做了一道西红柿炒鸡蛋，这个假期他主动学习了不少家常菜的做法，而且他很正直，同学们都愿意和他玩，他的朋友很多……"说着说着，小 Y 母亲自己也笑了，心情放松了很多，焦虑的情绪慢慢消解了。

三、传授正面管教的理念与技巧

父母在家里无论是监督孩子写作业，还是强迫孩子上各种各样的补习班，都是为了让孩子按照自己的要求和节奏把事情做完。很多家长不惜打骂孩子，呵斥惩罚孩子，其实就是想要赢了孩子。父母赢了，孩子就一定会输，如果孩子是输家，那就只有两种结果，要么反叛，要么盲目顺从，这些都不是父母想要的结果。而要"赢得"孩子，父母们就要时时处处维护孩子的尊严，以尊重的态度对待彼此，让孩子真心与自己合作，在接受鼓励和帮助的同时，也承担起自己的责任。

四、巧用"55387"定律，与孩子智慧沟通

要赢得孩子的合作在生活中不是一件容易的事，尤其对处于青春期的孩子。首先要学会与孩子沟通，沟通有一个"55387"定律，55%是沟通中的态度，包括动作、表情；38%是讲话时的语气；7%是说话的内容。我们言行背后的感觉比我们说了什么、做了什么更重要。所以，我们与孩子保证良好沟通的基础就是态度和语气，说话不是目的，目的是要完成信息送达，用温和、尊重、善意的态度和语气和孩子沟通，用同理心表示对孩子感受的理解。小Y母亲表示深受启发，愿意尝试用这些方法来改善和小Y的相处模式，让彼此的关系更加和谐亲密。

通过和小Y母亲长达一个小时的交流，小Y母亲焦虑的情绪缓解了，她激动得对我连连道谢，并表示深受启发，接下来会多给孩子肯定和鼓励，改变对孩子的看法，会尊重孩子的想法，多给孩子自主选择的机会。开学以后小Y在各方面都有了明显变化：眼神里有了坚定和自信，五月开学他把所有的作业都交上去了，心态变得积极了，学习主动性大大提高了，上课小动作明显少了，开始记笔记了。小Y和母亲的关系也和谐了好多，会主动给母亲做好吃的，主动陪母亲说话。基于小Y的改变，在期末学校评选"最美艺校人"之际，我特别把小Y列为"温暖之星"，并在班级黑板报展示他的照片和推荐理由，这让他在同学中倍有面子，他脸上的笑容更加自信了，我知道他变了。

当发现孩子的问题与家庭有关时，不要一味地否定家长，指责家长，而是要理清楚根源后，无条件尊重和理解家长，和家长一起解决问题。语言是有温度的，家长向孩子传达的言语如果是负面的、贬低的就可能冰住了孩子的心。只有向孩子表达爱与关心、鼓励与信任，才能赋予孩子向上的力量和希望。用权威专制赢了孩子，却也可能输了孩子的信任与合作，要想赢得孩子，就要以平等的姿态与孩子沟通，俯下身来做孩子的朋友、榜样、引路人，尊重孩子，理解孩子，支持孩子。

用非暴力沟通的方式解决学生矛盾

青岛交通职业学校　刘媛媛

第一次了解《非暴力沟通》这本书是在一次班主任培训讲座上，听完讲座的我立马被种草了这本心理学名著。"非暴力沟通"这一概念是美国心理学家马歇尔·卢森堡博士提出的，正如书名所示，"非暴力沟通"是一种科学的，能够使人们情感相通、和谐共处的、非暴力的沟通方式，这种沟通方式也被称为爱的语言。

很多时候，人们并未意识到我们说出的话很"伤人"。这种下意识的说话方式是暴力的、无效的谈话方式，不仅不能解决问题，反而会使事态升级，人际关系更加紧张。马歇尔博士在很小的时候曾亲眼看见过一次严重的冲突，冲突造成了几十人的伤亡。早年的经历引发了他对探求和平解决冲突方法的兴趣，后来他提出了非暴力沟通理论。

非暴力沟通的理论模型并不复杂。如何进行有效的沟通？第一，不带评论的观察；第二，表达自己真实的感受；第三，明确说出自己的需要；第四，提出清晰、具体的请求。

这种非暴力沟通方法可以应用于各种人际关系中：夫妻关系、亲子关系、老板和员工关系、师生关系、同学关系等等。中学生处于青少年时期，有着简单直接且冲动易怒的特点，同学之间很容易发生摩擦，因此班主任的工作中一大部分是调节学生之间的矛盾冲突。在学习了非暴力沟通理论之后，我突然意识到把它用于处理学生间矛盾再好不过了。

小丽是我班里的一名住宿生，有一天她哭着跑到我的办公室让我帮她换宿舍。见她情绪激动，我先安抚了她的情绪，等她逐渐平静下来，我让她跟我讲明事情的经过。原来昨天晚上宿舍熄灯以后，她与另外一名女生小云发生了争吵，小云熄灯后才开始洗漱，影响了小丽休息，小丽有点反感，说"熄灯了，小声点"，小云影响到她休息了。小云说："你吵就可以吵，我弄点响声你就说我凭什么？你起来晚的时候我还帮你整理内务，这会你都忘了？真是个白眼狼！"小云说完就把脸盆重重地摔到洗漱台上。听完小丽叙述的事情经过我没有马上下结论，起身去操场找到了在课间活动的小云，想要听一听小云的说法。小云说昨晚确实和小丽发生了冲突，昨晚上她在操场玩忘记了时间，结果玩到熄灯还没洗漱。回到宿舍她就端着脸盆到洗手间洗漱，洗的时间有些长惹恼了小丽，她意识到自己影响了舍友本想道歉，但小丽对她的抨击也让她很没面子，便和她吵了起来。

双方的事情经过都了解后,我把小丽和小云叫到了办公室。我决定用非暴力沟通的方式改变两个女生的沟通方式,化解矛盾。

第一步,让双方进行不带评论的观察。

我先让两个女孩互相描述她们昨晚观察到的情况。小丽说:"小云没素质,熄灯了还洗漱,影响别人睡觉。"接着小云说:"就跟你多么有素质一样,你还起来晚了不整理内务给宿舍扣分呢。"接着我让她们去掉个人批判字眼再重新表达。小丽想了想说:"小云总是熄灯后洗漱。"我说:"'总是''经常'等字眼也算是个人评论,小云一个周熄灯后洗漱的次数你有观察到吗?"小丽想了想又说:"小云这周两次熄灯后洗漱。"我又转头问小云:"小丽这样说对不对?你能否接受这样的说法?"小云点了点头说道:"她说的没错。"接着轮到小云来修改她刚才的话。小云说:"小丽有时会起床晚了,来不及整理内务。"我问小丽:"小云说的对吗?你能否接受这样的说法?"小丽平静也点了点头。这时小丽和小云的情绪都冷静了下来,谈话的气氛不再那么焦灼。

第二步,让双方表达自己真实的感受。

在人与人的沟通过程中,我们会不自觉地强调自己的想法而非感受,只有清楚地表达自己的真实感受,才能使沟通更加顺畅。我给了小丽和小云一份词汇表,这些词汇是用来表达需求没有得到满足时的感受。小丽选择了"不满"并说道:"小云熄灯后洗漱的声音让我不满。"小云选择了"难过"并补充道:"小丽说我没素质让我感到难过。"从这里可以看出"不满""难过"是在表达自己的真实感受。这时候小云的眼眶有些湿润了,小丽看到小云很难过马上语气柔和了起来,说道:"小云,我其实不是真的想说你没素质,我只是想让你以后早点回来洗漱,偶尔回来晚了就小点声。"这时我立马补充道:"在表达感情时,适当的示弱有助于解决冲突,你俩都没有选择使用语气过于强烈的字眼,其实是互相给对方台阶下。"

第三步:明确说出自己的需要。

其实小丽刚刚就已经自然地说出了她的需要,感受和需要是一脉相承的,只要客观地表达了自己的感受,说出自己的需求便是水到渠成了。小丽的需要很简单:希望小云以后能早一点回来洗漱,这样互相都不会影响。小云发现小丽不再说批评她的话,语气缓和许多,马上就和小丽道了歉,说自己贪玩忘记时间是不好的行为,洗漱吵到了小丽更是不对。其实小云并不是没有意识到自己的错误,只是被小云的话伤了自尊,才导致冲突的升级。这时两人情绪已经完全恢复了正常，我趁热打铁马上补充道："批评往往暗含着期许。对他人的批评实际上是在间接地表达我们尚未满足的需要。直接说出需要而不是大肆批评，他人就可能会做出更积极的回应。"

第四步，提出清晰具体的请求。

从她们之前的互相"爆料"中我了解到：小丽有时会起床晚、来不及整理内务，导致宿舍扣分；小云有时贪玩，熄灯后才回宿舍洗漱，影响舍友休息。我便让小丽和小云分别提出一个具体的请求来改善她们的问题。这次小云抢先说道："小丽，要是以后在快熄灯时我还没回去，你能提醒一下我吗？"小丽回答："没问题，小云，我要是起晚了你能不能叫醒我，我不想再来不及整理内务而扣分了。"小云爽快地说道："没问题，一言为定。"这时两个人脸上早已挂上了笑容。

这次使用非暴力沟通方式调节学生间的矛盾取得了意想不到的结果，小丽和小云在使用了非暴力的沟通方式后，两人的矛盾瞬间化解。运用非暴力沟通方式，我们能专注于彼此的感受和需要从而促进倾听、理解以及由衷的互助，人与人的关系将变得更加友好和谐。

职业教育，未来可期

青岛交通职业学校　丁文杰

国务院印发的《国家职业教育改革实施方案》指出："职业教育与普通教育是两种不同教育类型，具有同等重要地位。"职教高考制度的改革等一系列措施让作为一名职教教师的我内心感到无比的欣慰，我为职业教育未来将有足够的发展空间而高兴，更为职业学校的学生将来发展感到高兴。职业教育地位上来了，那么后续的职业教育政策会越来越好，职业教育大有可为。

选择什么样的教育才是最好的，我的答案是不能确定。因为不同学生的性格不尽相同，学习基础不同，喜好不同，家庭环境背景也不同。种种不同的背后那么应该怎么选择呢？我觉得合适的才是最好的。每个人饮食的口味不一，有的喜欢咸，有的喜欢淡，选择适合自己的口味吃起来饭才会香。教学中我们常说因材施教，根据不同学生学习状况传授知识，这样学生收获才能得到最大化，这样才能满足不同学生的不同层次的学习需求，这样的教学是好的。教育也是，职业教育就是针对部分适合的学生做出的最有效的教育。

　　学生在智力、学习习惯、遗传等方面存在差异性：有的学生学习成绩好，有的学生学习成绩差一些，有的学生文化课始终不能入门，有的学生动手能力强，有的学生对操作一学就会文化课却始终不入门。所以选择合适的教育才是真正对不同学生负责。初中毕业后，学生走向不同的教育才是正确的选择，那么中等职业教育就是不可或缺的教育类型。

　　职业教育作为国家培养高技术人才的教育，有技能和学历双重教育的特点，能够让一部分学生通过技能走上成才之路，实现人生价值。职业技能大赛就是职业学校学生展示自己才华和技能的一个平台，成就了职业学生的大学梦想；同时也为社会发展对技能型人才的刚性需要提供了保障。

　　现实生活中，仍有家长对职业教育认识不足，只想让自己的孩子上普高，没有结合实际情况，一味让孩子在普高接受教育，结果孩子在普高学习跟不上，形成恶性循环，厌学情绪严重，最终没有实现家长的愿望。家长认为初中毕业生上高中考大学才是其唯一出路，这导致中等职业教育不受青睐。从职业教学本身看，尽管改革开放以来获得了长足发展，但是依然是教育体系中相对薄弱的环节，存在着生源不佳、质量不高、品牌不响等实际问题，也影响了中职教育的吸引力和认可度。

　　国家职业教育的改革、国家职教高考的改革、国家应用型本科院校的出现将彻底改变家长的错误观点和思想。随着经济社会的不断发展，技能型人才紧缺严重，国家需要技能人才来满足经济发展的需要。越来越多的人希望通过中等职业教育实现就业和升学目的，而经济社会发展对技能人才培养质量也提出了更高要求。国内人才流失严重，技能型人才用工荒、招人难等问题的凸显，让职业教育的改革步伐加快。

　　职业教育的发展需要政府、学校、社会等层面的大力支持，目前国家对职业教育投入不断加大，各级学校正在修改人才培养方案，以适应职业教育发展需求。普职贯通培养是学校改革的一个举措，是适应职业教育发展的有力体现，相信会有越来越多的中职学生圆大学之梦。

中职新生第一课——自信

—— 军训带班有感

青岛交通职业学校　王晓慧

中职的学生大多数在初中不受重视，或是班里的后进生，或是令老师头痛的"问题学生"，等等。我国现如今逐渐重视中等职业教育，越来越多的学生选择就读职业学校，以此选择规划更适合自己的职业生涯。但很多人还是保持着传统思想，认为中职的学生不够优秀。在这些传统思想的影响下，中职的学生就容易认不清自己，缺乏自信。我认为，不以成绩论英雄，每个人都有自己的长处。所以我给中职新生入学上的第一课就是自信，通过新生的军训带班，我总结了培养学生自信的三部曲。

一、正确认识，寻找自信

高中的学生正处在人生观、价值观的组建阶段，作为班主任，首先自己要有积极、正确的观念，进而引导学生产生正确的观念。

记得有次下班，我与其他班两位学生同坐一辆公交车，学生都非常有礼貌，积极向我打招呼问好，礼让我先上车。我们在车上坐前后座，不久后，车上上来一位老太太，一个坐在最前面的学生特别主动地给老太太让座，老太太表示感谢入座后问学生是哪个学校的，学生不好意思地小声回答着校名，另一个学生却说："就说我们是二中（一所普高）的。"我看出了学生的心思，他们觉得念职校有些丢人，所以羞于回答。我想，这就是我们的传统思想对学生的影响，作为老师，我们要让学生正确认识职业学校，明白职业学校与普通高中学生的区别，二者仅仅是未来的发展不同、职业的规划不同而已。

作为班主任，其次自己要充分给学生提供展示自己的机会，让他们能够正确认识自己、不断探索自己。来到新的学校，班主任虽然可以参考学生的档案记录去了解学生，但更重要的是要亲身观察学生。中职的学生在初中阶段基本与班委会无缘，而对于初入职业学校的学生，一切都是新的开始，我的做法是安排每日值日班长，让每个人都有机会体验班干部的工作，让每位学生都有机会去展现自己的能力、认识自己的潜力。另外，在新生军训的休息间隙，我会组织学生展现特长，给学生创造展示自我的平台，让学生在表演才艺的同时更加了解彼此，通过互相之间的鼓励和赞扬寻找自信。

二、尊重学生,重建自信

人与人之间交往最基本的就是尊重。尊重就像作用力与反作用力,是相互的,老师想要得到学生的尊重,首先要尊重学生。高中阶段的学生容易以自我为中心,不善于站在他人角度看问题,那么班主任就要把握学生的这一年龄段的心理特点来处理问题、教育学生。面对学生的各种问题,班主任要善于倾听,站在学生的角度理解学生的心理,弄清事情的来龙去脉,用言语去引导学生说出实情。

我校军训要求全体学生均住校,其中很多新生都是第一次离开家住集体宿舍,有的学生会出现不适应和想家的情况,教师要机智处理。军训期间,我班有个女学生早上说她身体无力要请病假回家,并强调前一晚在宿舍发高烧,然而当即到医务室测量显示并没有发烧。我看学生是想找借口离校,我并没有直接戳破学生的心思,而是嘘寒问暖关心学生吃饭和睡觉的情况,不停询问身体各方面的状况。我主动去食堂帮学生打粥,用爱云感化学生,用倾听去尊重学生,用理解去包容学生。最后,学生说愿意在学校继续坚持,我也给予了适当的鼓励和赞扬,让学生重建自信心,相信自己可以战胜自己。

教师对于学生的尊重可以让学生感受到教师对他的重视,进而可以让学生相信自己,重建自信。

三、给予信任,增强自信

教师要给予学生充分的信任,放手让学生独立去完成任务,进而可以增强学生的自信。

中职的学生已近成年,很多事情都可以自己完成,他们思维活跃、充满创意,因此对于学校安排的任务和活动有很多自己的想法,我愿意让他们各抒己见、讨论方案。军训作为中职新生的第一个活动,是班主任及学生彼此认识的阶段,是组建班集体的初始阶段。我认为要想让学生遵守班级的各项规定、积极参与各项活动,前提就是要让学生充分认可这些规定。

例如班级的纪律卫生安排和规定。我在学校的基本要求基础上,组织学生提出各项奖惩措施,并投票表决制订最终方案。这样展现出我对学生的信任。让学生参与班级文件的制订也增强了学生的自信心,同时有利于学生提高自控力,主动遵守规定。再如军训期间的合唱比赛,歌曲的选择、展示形式的创意都是我与学生共同讨论的结果,所以几乎每位学生都积极参与练习,精神饱满,最终我班获得了军歌嘹亮一等奖的好成绩。

教学中强调学生主体性，班级建设和管理中也应该将学生放在主体的位置上，特别是对于中职的学生。信任学生、放手让学生组织班级活动，可以让学生感受到重视，可以锻炼学生的能力，进而增强学生的自信心。中职的班主任，要让学生相信自己，相信未来。

没有完美的学生，中职的孩子或许只是学习成绩不够优秀而已，但每个学生都有自己的优点，中职的教师要善于发现孩子的闪光点、善于利用孩子的优势，让学生对自己充满自信、对未来充满自信。自信，是中职新生每个人都该学习的第一课。

足球文化在班级管理中的探讨

青岛工贸职业学校　刘忠臣

摘要：足球，是全球最具影响力的体育运动，被誉为"世界第一运动"。不仅是足球运动本身，足球运动背后关于对人的意志磨炼和团结协作意识的培养更令人心动。而校园是文化的摇篮，用足球文化去教育感化学生，可以指引学生用足球精神去感悟生活、感悟学习。本文阐述了如何开展班级足球文化教育、足球比赛等活动，如何以足球活动为载体，深入开展班级足球文化建设以及借助足球文化对班级进行有效的管理，对在活动中培养同学们的集体意识和集体荣辱感有很大的帮助。

关键词：足球文化；班级管理；"十个一"方针

大量数据显示，近年来学生身体素质逐步呈现下滑态势，学生的身心健康成了近年来大众关心的社会话题。为了弘扬体育精神，增强学生体质，同时也为了积极响应教育部和青岛市教育局提出的"十个一"活动方针，我将足球文化与班级管理有效地融合在一起，将新的班级管理方式应用到实际班级管理当中。

一、开展足球文化教育

（一）班级足球队的建立

首先，我组织班上的学生组建了一支班级足球队并取名"虎鲨队"。在组建球队期间，学生积极性都很高：从自告奋勇、争先恐后地报名，到主动提出足球队的徽标和队服的样式,确保队服统一,再到通过班级比赛对球队位置及主力和替补队员人员的决定,每一个步骤的想法几乎都是学生主动提出的,而最后的决定也基本都是得到同学们积极响应的。通过组建足球队,班级同学们的集体荣誉感得到了极大的提高,很快就形成了新班集体的凝聚力。

(二)足球知识的普及

组建足球队后,队内有小部分同学并没有完全理解足球知识。为了响应学生积极性,并提升学生足球水平,我决定推进班级足球知识普及。有的学生课间或其他休息时间会跟我探讨足球的问题,我都会一一回答。有时我还会利用体育活动课和下午自习课的时间给同学们普及足球知识,并定期组织班级足球队进行班级内部比赛,从而让桌面上的足球知识应用到操场上,应用到实践比赛当中去,做到理论与实践相结合,让球队的每一个队员都清楚在球场上应该如何去做,对基础较好、积极性较高的学生进行重点培养,进一步提高每一位队员的理论与实践水平。

(三)足球精神的含义

足球精神是一种团队精神,如果一个好的团队有良好的团队精神,它就会像冲锋的号角,催人向上,激励团队里的每位成员勇往向前、奋力争先,形成良好的竞争氛围。团队精神也是一个班集体凝聚力的旗帜,如果没有凝聚力,目标再明确,集体形不成合力,也只能坐拥宝山空手而归。通过足球文化的教育,学生感受到了足球精神中的团队意识,深入体会到了团队精神,也理解了团队精神在团队里的重要性。

二、深入开展班级足球文化建设

(一)班级足球文化建设有利于学生身心的健康发展

深入开展班级足球文化建设能够对学生身体素质的提高和人性化功能的全面发展产生积极的影响。在班级管理方面,通过深入开展班级足球文化建设以及对足球文化的教育,能够更好地管理班级,使学生能够更具有团队精神。除此之外,在社会方面,深入开展班级足球文化建设不仅能满足青少年在足球发展方面的要求,同时也提高了足球的发展水平。

(二)班级足球文化建设有利于对班级进行高效的管理

足球文化作为足球教育的重要组成部分,是德育体系中亟待加强的重要方面，除了在班级开展足球文化建设，我还将足球文化所表达的团队精神文化、物质文化、行为文化、制度文化等融入班级管理。不同于传统的教育方法，这种创新的教育方式能够让学生更容易潜移默化地受到熏陶。开展足球文化建设，把足球的动和静与学生的全面发展完美结合，形成有特色的班级足球文化。

具体方式如下：

1. 团队精神文化

足球的团队精神文化体现在足球活动的自身价值提升。团队精神文化是班级足球文化的建设方向，承载着学生和教师对班级足球的需求。我利用团队精神文化，将其应用在学校各方面的大型活动中，从而让学生能在集体跑、运动会等大型集体活动里取得优异的成绩。因为大家平时喜欢活动，学生的班级集体荣誉感强，在校园体育节比赛中，我们班的体育项目成绩突出，连续三次获得校运动会团体总分成绩第一名，连续两次获得校园体育节集体跑比赛一等奖、跳绳比赛一等奖。通过活动和比赛，班级凝聚力变得更强，有利于班级的管理。

2. 物质文化

班级足球的物质文化分为足球的装备和团队力量。装备是足球项目开展的基础条件，团队力量则是班级足球文化开展的必要条件。我利用物质文化，在建立班级足球队时与学生商讨队服及其他足球装备问题，同时在班级内部足球比赛时，选择各方面都较为优异的学生作为首发阵容，剩下的学生作为替补。之后首发与替补直接或混搭进行比赛，从中挑选出进步较大的学生。

3. 行为文化

行为文化是班级足球文化建设的核心，与学生有直接关系。行为文化包括价值取向、行为方式和行为环境。价值取向包括价值目标和学生对足球的认知、理解；行为方式是足球的各类活动；行为环境是班级开展足球活动的氛围、条件等。我利用行为文化，给学生讲解足球知识的同时，也给学生讲述从足球文化当中获得的人生理解和价值，让学生在体育运动的同时能够获得一些价值观的输入。

4. 制度文化

制度文化包含校园足球的规则和运行模式两个方面。规则的主导文件是国家体育总局、教育部等相关部门下发的一系列文件，整体纲领体现党和国家领导人对足球的建设认识。规章制度主要是指足球管理的规则、实施方案和管理要求等。我利用制度文化，在每次比赛过后给学生讲解足球规则及技巧方法，同时培养学生遵守规则的良好习惯。

在班级足球文化建设过程中要经常开展以足球为主题的文化活动,激发广大学生对足球的热爱。

三、通过足球活动构建良好的师生关系

通过与学生在足球场的互动以及平日里对学生的关心,再通过将足球文化与班级管理融合的新型教学,学生能够更好地与教师相处,学生也能够更多地为班级着想,从而构成了一个良好的新型的师生关系。具体方法如下。

(一)教学贴切实际

教师在教学时要贴近实际,不要一味地对大纲教学以外的知识进行拓展,讲的内容过于多,学生会摸不着头脑;也不要一直讲书本上的内容,这样学生上课会逐渐丧失注意力和兴趣。

(二)对学生关心

教师不能只注重学生的学习成绩,学生在卫生、纪律以及其他方面的表现也是不容忽视的,尤其是学生的心理健康问题,更加需要关注。教师应当时常与学生进行交谈,以确保学生的身心健康。

(三)借助新型教学方式

利用大家对足球运动的热爱,将足球文化与班级管理融合,形成一种新型教学方式,在教学时将课堂活跃起来,会使学生更容易接受知识。利用足球运动对学生的影响,能够让某些学生内向的性格变得活泼,比起传统教育方式更容易让学生接受。

足球是一项能体现时代精神的、富有战斗性的、对抗激烈的竞技项目,教师能够从足球运动视角探视当代学生心理,了解学生的思想动态,从而更好、更有效地管理学生。

通过以上几点我们不难发现,足球文化在班级管理方面作用很大,因为学生热爱足球这项运动,所以将足球文化与班级管理融合的新型班级管理方式更能让学生以积极的态度去接受,能让班级更快地具有凝聚力,让班级的管理变得更加轻松。